Couverture inférieure manquante

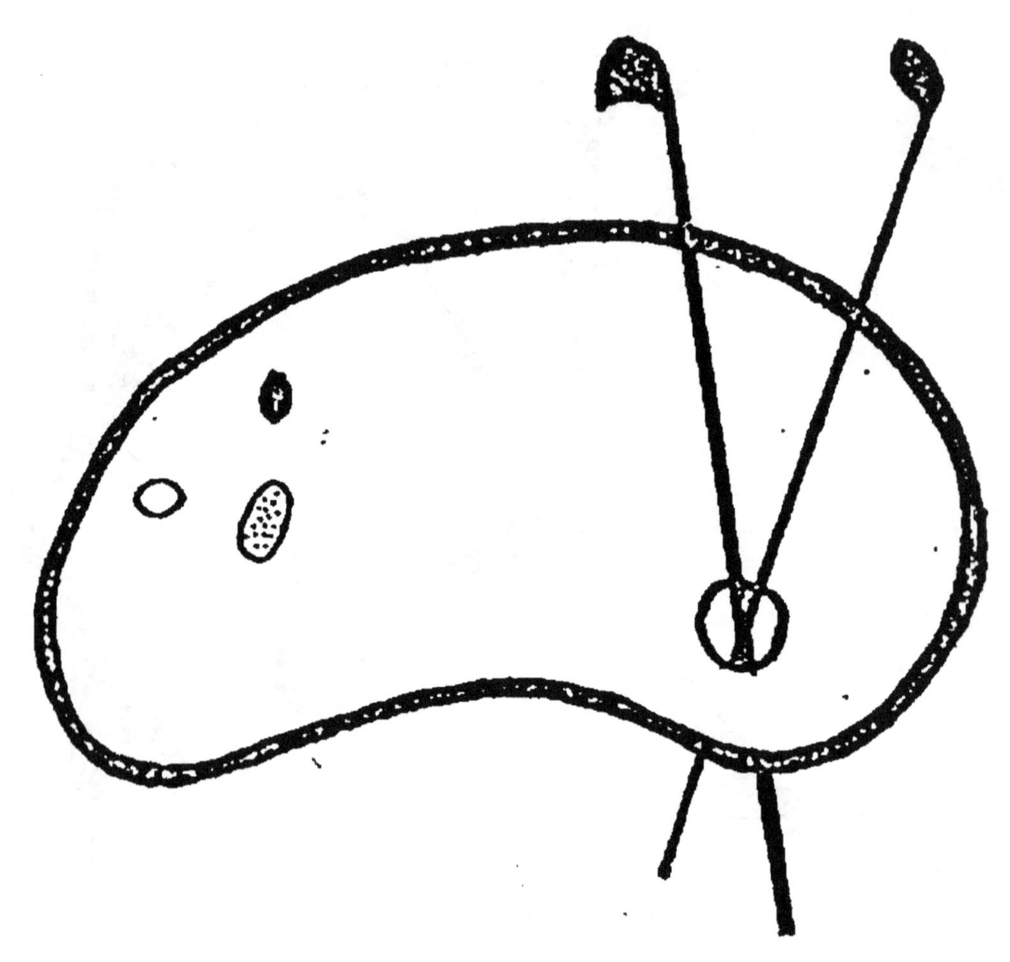

UNE VERSION SYRIAQUE

INÉDITE

DE LA

VIE DE SCHENOUDI

PAR

F. NAU

Docteur ès sciences mathématiques, Licencié ès sciences physiques,
Diplômé de l'École des Hautes Études (section philologique).

PARIS
ERNEST LEROUX, ÉDITEUR
LIBRAIRE DE LA SOCIÉTÉ ASIATIQUE
DE L'ÉCOLE DES LANGUES ORIENTALES VIVANTES, ETC.
28, RUE BONAPARTE, 28.

1900

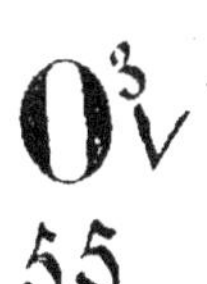

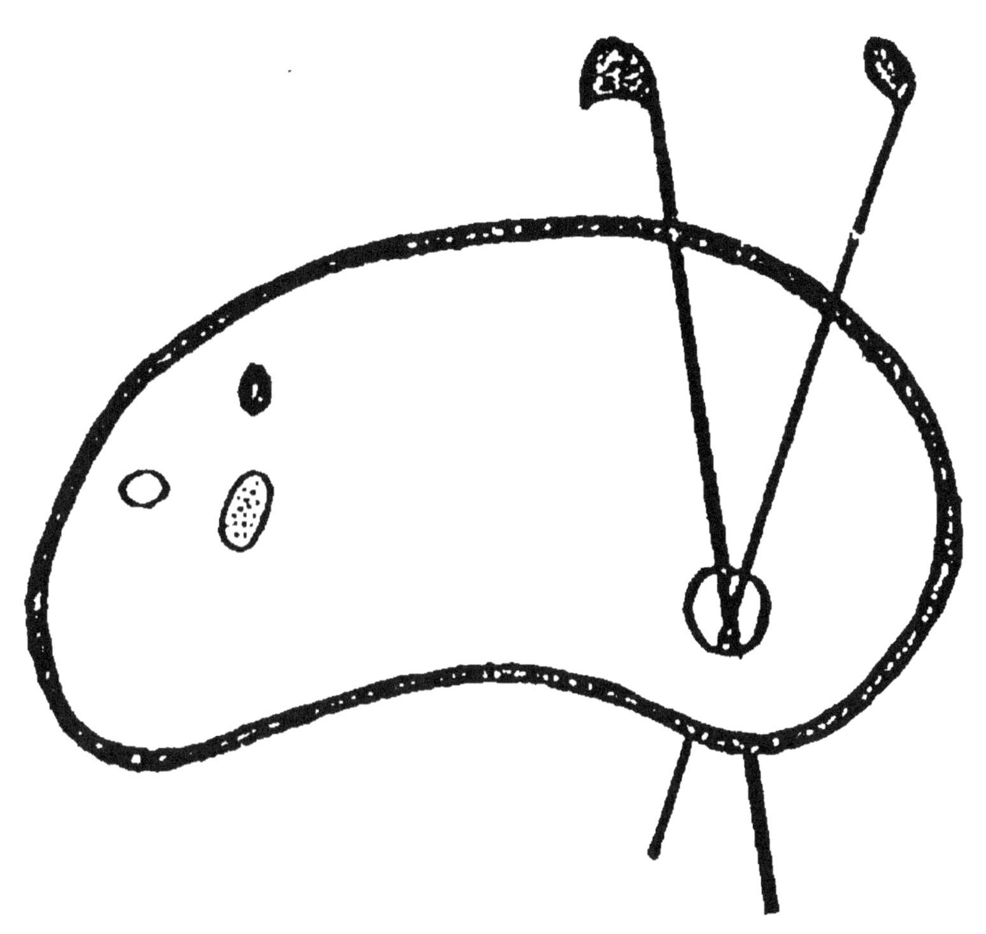

FIN D'UNE SERIE DE DOCUMENTS
EN COULEUR

UNE VERSION SYRIAQUE

INEDITE

DE LA

VIE DE SCHENOUDI

PAR

F. NAU

Docteur ès sciences mathématiques, Licencié ès sciences physiques,
Diplômé de l'École des Hautes Études (section philologique).

PARIS
ERNEST LEROUX, ÉDITEUR
LIBRAIRE DE LA SOCIÉTÉ ASIATIQUE
DE L'ÉCOLE DES LANGUES ORIENTALES VIVANTES, ETC.
28, RUE BONAPARTE, 28.

1900

INTRODUCTION

I. Schanoudin et ses biographies.

Schenoudi (333-451)[1], dont le nom syriaque est ܫܢܘܕܝܢ (Schanoudin), était un Égyptien du village de *Schenalolet* dans le nome de la ville de Schmin (Haute Égypte). Il se fit moine à l'exemple de l'un de ses oncles, nommé Bgoul, fit école, et, comme tant d'autres alors, devint chef de monastère. Si l'on en croit le texte arabe de sa vie, il eut sous ses ordres jusqu'à deux mille deux cents frères et mille huit cents sœurs, ce qui eut au moins l'avantage de lui fournir quatre mille chantres dont quelques uns furent éloquents. J'ai dit *chantres* parce que, d'après M. Amélineau, les moines ne se bornaient pas à raconter les prodiges accomplis par Schenoudi, mais ils les chantaient à la manière des aèdes et des troubadeurs chantant les faits et gestes d'Hector et d'Ajax ou de Karlemaigne et de Roland. Et comme, à cette époque, les moines changeaient facilement de monastère et même de genre de vie, on comprend que la renommée du Père Schanoudin dut bientôt remplir l'Égypte. Mais ces moines étaient monophysites, leurs dires ne trouvèrent donc pas chez les Grecs et les Latins la créance que ceux-ci ne ménagèrent pas à d'autres récits analogues, et la gloire de Schanoudin, mise ainsi à l'index par nos auteurs, ne nous fut révélée que par les chantres éloquents qu'il trouva au XIXe siècle.

M. Zoéga le premier[2] publia de nombreux extraits de la vie

1. Sur la foi de récits coptes on fit vivre Schanoudin durant 118 ans, jusqu'en 460; pour M. Revillout il avait 109 ans en 451, à la réunion du concile de Chalcédoine. M. Amélineau le fait vivre de 333 jusqu'au 2 juillet 451. D'après une vie inédite de Dioscore (ms. de Paris, syr. 234) que nous avons transcrite et allons publier, il était mort avant le concile, et un récit que nous citerons à la fin de l'introduction ferait même croire, si l'on admettait l'authenticité de cette vie, qu'il était mort plusieurs années auparavant.

2. Catalogus codicum copticorum Musæi Borgiani, Rome, 1810,

et des écrits de Schanoudin d'après les manuscrits coptes du Musée Borgia.

M. Revillout transcrivit ensuite la vie copte (dialecte memphitique) conservée au Vatican, et, sans la publier, la prit pour base d'un important travail intitulé : *Les origines du schisme égyptien;* LE PRÉCURSEUR ET INSPIRATEUR SÉNUTI LE PROPHÈTE[1].

M. Amélineau publia ensuite avec traduction française la vie copte dont nous venons de parler ainsi qu'une vie arabe, et des fragments d'une autre vie copte[2], puis, pour populariser son héros, il le chanta dans un volume in-12 (le format des romans)[3] et fit d'intéressants emprunts à ces publications dans la plupart de ses travaux postérieurs[4].

Enfin M. Guidi, porté par ses remarquables connaissances polyglottes à s'intéresser à ces publications coptes-arabes, leur ajouta un fragment d'une vie syriaque de Scénuti (Schanoudin) conservée à Londres dans le ms. add. 14732[5]. Ce manuscrit provient du monastère de Notre-Dame des Syriens, au désert de Scété en Égypte, et M. Guidi put avancer en toute vraisemblance que cette traduction avait été faite dans ce monastère.

II. LE TEXTE SYRIAQUE DE PARIS.

Nous nous proposons d'ajouter aux documents qui précèdent une biographie syriaque de Schanoudin contenue dans le ms. de Paris, n° 236 fol. 33-39. Ce manuscrit fut écrit l'an 1194 de notre ère par le scribe Behnam, dans le monastère de Mar Sergius et de Mar Ze'oura situé non loin de Mossoul.

p. 33-41, etc. Il appelle notre héros Sejenuti. Il faudrait, semble-t-il, Schenoudi.

1. *Revue de l'histoire des religions*, 1883, t. 8, pages 401-468 et 545-582.

2. *Mémoires publiés par les membres de la mission archéologique française au Caire*, tome IV, volume grand in-folio.

3. *Les moines égyptiens*, Paris, 1889.

4. Cf. *Journal asiatique*, déc. 1888 et *La géographie de l'Égypte à l'époque copte*, Paris, 1893.

5. Nachrichten von der König. Ges. der Wissenschaften zu Göttingen, 1889, n° 3, pages 52-56.

Il est regrettable que le moine Behnam transcrivant la vie de Schanoudin sur les rives du Tigre se soit assez peu intéressé, semble-t-il, à ce héros des bords du Nil, car, au bas du folio 38 recto, il transcrit les deux premières lignes d'une histoire et, au haut du folio 38 verso, il en commence une autre. Cette lacune en passant du recto au verso d'un feuillet semble intentionnelle et dénote chez Behnam le désir de finir au plus tôt sa transcription. Nous pouvons donc nous demander si ce ne serait pas encore à lui, et non au manuscrit qu'il transcrivait, que serait due la suppression de la fin de la biographie de Schanoudin, telle qu'on la trouve dans le texte copte avec lequel le texte syriaque est étroitement apparenté.

Voici, d'après l'ordre des récits syriaques, la pagination des textes coptes qui leur correspondent dans la publication de M. Amélineau : pages 3-5; 5-8; 8-10; 10-12; 17-18; 15-16; 22-25; 25-27 ; lacune dans le syriaque; 38-40; 40-42.

III. Comparaison des divers textes.

Nous avons donc à comparer les textes *copte* et *arabe* édités par M. Amélineau et le texte *syriaque* de Paris. Nous nous occuperons peu du texte syriaque de Londres qui est trop court et ne concerne que la fin de la vie de Schanoudin. Quand nous aurons à le citer nous l'appellerons texte *syriaque de Londres* pour le distinguer du précédent.

Nous sommes d'abord frappés par ce fait que *tous les textes syriaques de Paris ont leurs correspondants dans le texte copte qui leur en ajoute quelques nouveaux*, et tous les textes coptes ont leurs correspondants dans le texte arabe qui leur en ajoute encore quelques nouveaux.

Voici les récits que *le copte et l'arabe simultanément* ajoutent au syriaque :

1° Copte, p. 12; arabe, p. 324.

Cyrille d'Alexandrie fait venir Schnoudi et Victor de Tabennisi, successeur de Pacôme ; il les emmène à Constantinople pour témoigner devant l'empereur contre Nestorius. Schnoudi est rapporté en Égypte par une nuée. Celui-ci, en rentrant, jette certain grain de blé sous une meule et elle rend à l'instant une telle quantité de farine que les moines se plaignent de ne pas arriver à la porter.

2° Copte, p. 16; arabe, p. 335.

Schnoudi, faisant creuser un puits, plante son bâton dans le sable et il produit aussitôt des dattes pour rafraîchir les ouvriers.

3° Copte, p. 22; arabe, p. 351.

Durant une famine, Schnoudi fait un miracle de multiplication des pains. — Il bâtit une église sur l'ordre de N.-S. Jésus-Christ qui l'aide dans ce travail. — Enfin il démasque un faux mendiant.

4° Copte, p. 25; arabe, p. 358.

On trouve d'abord la fin de l'histoire dont le moine Behnam n'a transcrit que les premières lignes: Un homme vient se plaindre de ce que des voleurs ont pillé sa maison. Schnoudi lui apprend où sont ces voleurs et lui fait rendre ses biens. — Puis le copte et l'arabe racontent une nouvelle visite de Schnoudi à Théodose. Il est mandé par l'empereur et transporté par un nuage à Constantinople.

5° Copte, p. 40; arabe, p. 378.

Satan et ses diables entrent dans le monastère de Schnoudi. — *L'arabe seul* ajoute encore au copte et au syriaque les récits suivants:

1° Arabe, p. 291.

Nous trouvons ici une traduction de la première partie de la Διδαχή. « Et certes à tout moment il (Schnoudi) a enseigné et dit que le chemin est facile et la voie double, une pour la vie et l'autre pour la mort, et entre les deux voies la différence est grande; et voici le chemin de la vie...[1]. »

Ainsi, dès le commencement, l'auteur de la traduction arabe, qui prend le nom de Visa, disciple de Schnoudi, attribue à ce dernier des paroles qu'il n'a pas dû prononcer, puisqu'elles sont empruntées à peu près textuellement à un document célèbre aujourd'hui connu. Le traducteur arabe est donc un simple interpolateur. Le mal est que M. Amélineau ne s'en

1. Ch. I, v. 1 et 2: Ὁδοὶ δύο εἰσί, μία τῆς ζωῆς, καὶ μία τοῦ θανάτου, διαφορὰ δὲ πολλὴ μεταξὺ τῶν δύο ὁδῶν. Ἡ μὲν οὖν ὁδὸς τῆς ζωῆς ἐστιν αὕτη..

est pas aperçu et que, sur la foi du titre, il a cru que la vie arabe représentait l'original dont le copte ne serait, selon lui, qu'une réduction. Aussi à propos du texte suivant (p. 293) :

« Mon fils, ne prononce pas de paroles grossières, n'aie pas les yeux cupides parce que cela fait les faux témoignages. O mon fils, ne demande pas : qu'est ce que cela? ou : pourquoi cela est-il ? car (cette curiosité) mène à l'adoration des idoles »; M. Amélineau met en note : « Cette pensée me paraît profonde. Schnoudi avait bien vu que le libre examen en matière de foi mène à l'incrédulité. D'ailleurs, comme je l'ai dit, cette genèse des fautes ou des crimes s'appelant les uns les autres me paraît finement observée. »

Or, nous n'avons là au fond qu'une mauvaise traduction abrégée des versets 3 et 4 du chapitre III de la Διδαχή. — Nous avons développé ce point pour mettre en relief dès maintenant que l'arabe est un texte interpolé, ce dont tout le monde conviendra, et aussi qu'il est dangereux de lui attribuer trop d'importance.

2° Arabe, p. 315.

Schnoudi lutte avec Satan qui prend la forme d'un bouc, etc. — Histoire d'un saint solitaire qui ne croyait pas à Satan et auquel celui-ci, sous la figure d'un roi exilé, confie sa fille. Le saint solitaire a le bonheur de mourir au moment où la fille de Satan allait lui faire quitter le monachisme pour le mariage. — Histoire de Pierre, qui avait épousé sa nièce et qui rachète son péché 150 dinars.

3° Arabe, p. 329.

Le démon apparaît à Schnoudi[1]; il ne peut fendre une pierre en deux parties égales, ce que fait facilement notre héros. — Schnoudi dirigeait deux mille deux cents frères et mille huit cents sœurs.

1. On remarquera que le rôle du démon, nul dans le texte syriaque, est grand dans les interpolations. Car, pour nous, les textes qui manquent dans le syriaque sont très vraisemblablement des interpolations, d'après un principe posé par M. Amélineau lui-même : Plus un texte est édifiant et merveilleux, plus il a de chance d'être reproduit; or comment admettre que l'auteur de la version syriaque aurait omis les récits édifiants et merveilleux des voyages dans les nuées et des luttes avec Satan, s'il les avait eus sous les yeux.

4° Arabe, p. 338-351.

Le Messie annonce à Schnoudi que les Perses viendront en Égypte et qu'ensuite paraîtra l'Antéchrist...

M. Amélineau a pu avec vraisemblance assigner à la composition de ce passage les années 685 à 690.

5° Arabe, p. 376.

Un ange conduit Schnoudi à la ville de l'Oasis et lui dit : Bâtis ici une Église au nom de la Trinité sainte...

Si maintenant, de la comparaison des récits, nous passons à la comparaison des phrases et des mots, 1° nous trouvons dans le texte copte un certain nombre de mots grecs qui sont sans doute intrinsèques à cette langue, mais il est étrange que nous trouvions au même endroit le mot Λαμπάδες dans le copte et le syriaque, et le mot Μετάνοιας dans le copte, le syriaque et l'arabe, comme on le trouvera signalé en note. 2° Le *n* final que nous trouvons partout en syriaque au nom de Schenoudi s'explique difficilement si l'on ne suppose un accusatif grec original. Ainsi, dans une vie de Sévère dont l'original est grec, nous trouvons Manouti rendu partout par Manoutin (ܡܢܘܛܝܢ)[1]. 3° M. Amélineau a déjà signalé dans le texte arabe les formes syriaques Mar et Mimar, par exemple : Vésa y est appelé Mar Vésa ; enfin M. Guidi a écrit que, sur certains points, le texte *syriaque de Londres* semble avoir la meilleure leçon[2]. 4° Ce texte syriaque de Londres appartient à une famille différente du texte syriaque de Paris, car il présente les récits de l'arabe qui ne sont pas dans le copte ; il est donc apparenté à l'arabe tandis que le texte de Paris l'est au copte. 5° Même dans les passages parallèles, toutes nos versions présentent des différences notables.

IV. Conclusion.

De cette comparaison nous pouvons conclure à un texte original inconnu représenté plus fidèlement par la version syriaque. C'est la traduction libre et interpolée de ce texte qui

1. Das Leben des Severus von Antiochien in syrischer Uebersetzung... J. Spanuth, Göttingen, 1893, p. 5, l. 1, etc. Nous publions actuellement une traduction française de cette biographie.

2. Loco citato, p. 56.

a donné le copte et l'arabe que nous connaissons. M. Amélineau a supposé que l'original avait été écrit dans le dialecte sahidique qui est celui du pays de Vésa et de Schenoudi. On pourrait se demander, d'après les remarques 1° et 2° ci-dessus, *si l'original ne serait pas plutôt un écrit grec.*

Le syriaque et le copte sont deux traductions indépendantes, car les différences qui existent dans les passages parallèles, et certains noms propres qui manquent dans le syriaque, ne nous permettent pas de dire que le copte en est une interpolation. Ils ont cependant une source commune puisque le syriaque n'a aucun récit qui ne soit dans le copte.

L'arabe interpole notre texte copte ou peut-être un texte similaire, car il est à remarquer que M. Amélineau a publié des fragments coptes d'une seconde vie de Schnoudi assez différente de la première. Il y eut donc plusieurs rédactions ou traductions coptes.

Il resterait à déterminer la place relative du texte syriaque de Londres et du texte arabe, ce qu'il est difficile de faire en toute rigueur à cause du peu d'étendue du texte syriaque. Néanmoins, à cause de la remarque ci-dessus (3°) et parce que l'on a des centaines d'ouvrages syriaques traduits en arabe, tandis que l'on ne compte peut-être pas beaucoup d'ouvrages coptes traduits directement en arabe, nous dirons que l'arabe a été traduit sur le syriaque jusqu'à ce que l'on nous donne des arguments en faveur de l'opinion inverse. Ainsi notre texte copte aurait été traduit en syriaque et interpolé, peut-être au désert même de Scété, comme l'a proposé M. Guidi, et plus tard on l'aurait traduit en arabe, comme on l'a fait pour presque tous les ouvrages syriaques. — On remarquera à ce sujet que le ms. copte édité par M. Amélineau fut donné en 935 au monastère de S.-Macaire de Scété, lequel n'était pas loin du monastère des Syriens d'où provient la vie syriaque de Londres.

On nous demandera maintenant comment notre texte syriaque de Paris, écrit sur les bords du Tigre, peut provenir d'un original copte? On concevrait plutôt qu'il provînt d'un original grec traduit dans un couvent quelconque de Syrie, et les indices recueillis ci-dessus (1° et 2°) nous autorisent à émettre cette hypothèse. Il ne faut cependant pas oublier que les rapports entre les Jacobites de Syrie et d'Alexandrie furent toujours fréquents; en particulier c'est à Alexandrie que se réfugièrent aux ve et vi[e] siècles les monophysites persécutés en Palestine. On peut donc toujours croire que certains d'entre eux, aidés des indigènes, employèrent leurs loisirs à faire quelques traductions.

Voici donc les rapports mutuels de nos versions :

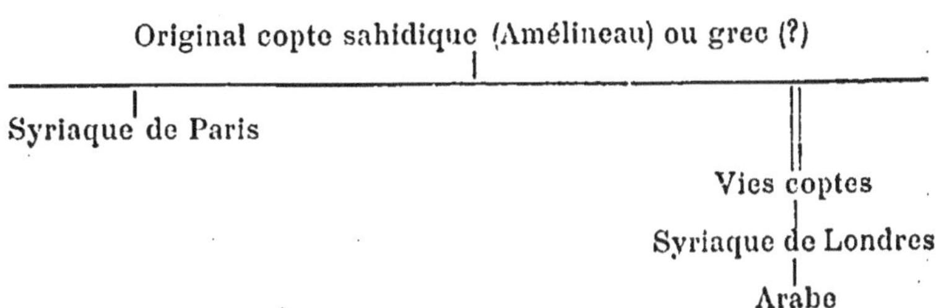

Nous terminerons cette introduction par l'anecdote inédite suivante qui nous donnera une idée plus précise de la manière dont se composaient les vies de saints aux ve et vi[e] siècles :

Lorsque Paphnutius, le chef du monastère de S.-Pacôme à Tabennisi, alla visiter Dioscore à Gangres, ces deux champions monophysites, pour se consoler des maux présents, s'entretinrent des gloires passées. Dioscore raconta les hauts faits de Cyrille d'Alexandrie, et Paphnutius ceux de Schanoudin. Il dit son adolescence, ses études et comment il monta un char de nuées et revint ainsi de la ville impériale (ms. syriaque de Paris 234, f. 56 recto).

Ainsi les hauts faits de Schanoudin passaient de bouche en bouche, étaient portés jusqu'au Pont-Euxin, et, par une sorte de loi naturelle, devaient s'accroître en marchant. Comment exiger après cela qu'une version ressemblât à la précédente? Chaque scribe devait ajouter ce que son prédécesseur était censé avoir omis. C'est ainsi que se forma la volumineuse vie arabe, et M. Amélineau, qui sut si bien reprocher à M. Revillout d'avoir attribué trop d'importance aux récits coptes, semble avoir accepté aussi comme caractéristiques du monachisme égyptien, des récits qui peuvent n'avoir pour base que l'imagination surchauffée d'un individu.

TEXTE SYRIAQUE

ܬܘܒ ܦܬܟܡܠܢ ܠܢܨܚܢ̈ܘܗܝ ܕܩܕܝܫܐ ܐܒܐ ܦܠܘܕܝܡ ܥܒܕܐ
ܕܐܠܗܐ .

1. ܐܚ̈ܝ ܢܗܒ ܬܫܒܘܚܬܐ ܠܡܪܢ ܕܬܫܒܘܚܬܐ ܠܗܘ
ܕܥܒܕ ܠܗ . ܥܕ̈ܬܐ ܩܕ̈ܝܫܬܐ ܕܢܫܡܫܢ ܠܬܫܡܫܬܗ .
ܘܫܡܪ ܐܢܝ̈ ܒܟܝܢܬܗ . ܒܝܕܥܬ ܢܘܗܪ̈ܐ ܕܡܠܦܢܘ̈ܗܝ ܠܗ
ܠܥܕܬܐ . ܐܝܟܢܐ ܕܟܠܗܘܢ ܐܝܠܝܢ ܕܫܡܥܝܢ ܕܢܬܒܠܒܠܘܢ
ܠܡܫܠܡܢܘܬܗ ܕܐܠܗܐ ܢܬܦܢܘܢ ܒܡܘܕܝܢܘܬܗܘܢ ܘܢܣܒܘܢ ܠܗܘܢ
(fol. 33 v°) ܒܟܠܝܠܐ ܕܙܟܘܬܐ : ܕܡܢ ܡܠܘܗܝ ܕܡܠܟܢ ܕܥܒܕܐ
ܠܗ ܡܪܗ . ܐܝܬܘܗܝ ܗܘܐ ܥܒܕܐ ܘܩܕܝܫܐ ܐܒܐ ܦܠܘܕܝܡ .
ܕܫܡܥܢ ܒܟܠܗܘܢ ܢܨܚܢܐ ܕܬܫܒܘܚܬܗ ܕܡܫܝܚܐ
ܡܫܡܠܐ . ܕܬܫܡܫ ܫܒܝܚܐ ܠܗܘ ܕܐܝܬ ܠܗ ܢܨܚܢ̈ܘܗܝ
ܒܟܠܗܝܢ ܒܠܗܘ ܠܬܫܒܘܚܬܐ ܕܐܠܗܐ ܕܥܒܕܘܗܝ .
ܘܫܪܝܪܐܝܬ ܕܫܒܩ ܡܢ ܐܠܗܐ ܕܠܘܬ ܫܘܡܠܝܐܘܗܝ ܕܐܡܪ .
ܕܐܡܪ (sic) ܐܦ ܠܢ ܕܠܐ ܬܥܒܕܝܢ ܗܠܝܢ ܡܣܪܐ ܕܢܣܒܬܘܢ .
ܒܝܕܐ ܠܡܫܡܠܝܘ ܕܡܢ ܒܗ ܡܢܬܐ . ܕܐܥܠܐ ܠܢܨܚܢ̈ܘܗܝ

ܕܡܕܝܢܬܐ ܡܢ ܟܦܪ ܫܢܠܘܠܝܬ ܀ ܘܐܒܘܗܝ ܫܡܗ ܐܒܓܘܫ ܕܟܢ
ܕܢܚܘܪ ܦܘܩܝܠ ܘܥܒܕ ܠܗܘܢ . ܫܡܥ ܡܢ ܟܬܒܐ ܘܐܝܬܝܗ ܗܘܬ
ܗܠܝܢ ܕܟܬܒ̈ ܠܟܠ ܐܦ ܗܘ . ܘܗܘܐ ܠܡܗܘܐ ܐܢܫ
ܘܠܫܡܥ ܠܟܪܝܣܛܝܢܐ ܠܗ ܐܝܬ ܗܘܐ ܒܢܬܐ ܐܠܐ ܟܠ ܡܠܬܐ ܕܠܘܬܗ
ܟܕ ܠܐ ܒܟܝܢܐ ܕܟܠܗܝܢ ܗܘܐ ܡܢܗܘܢ .

2. ܘܡܬܝܕܥܐ ܡܢ ܠܘܬ ܐܢܫ ܘܥܠܡܐ . ܟܠ ܐܬܪܘܗܝ ܘܦܘܠܚܢܐ ܕܐܒܘܗܘܗܝ ܕܗܘܐ ܡܕܝܢܬܐ ܐܝܟ ܫܠܘܚܝܢ ܕܡܢ ܡܦܪܢܝܢ ܟܠܗܠܬܐ ܕܗܝ ܐܝܟ ܐܦܩ ܐܢܫܐ ܡܢ ܡܪܕܬܐ ܘܐܒܘܗܝ ܦܠܚܝܢܐ ܐܢܫܘܗܝ ܗܘܐ[1] . ܘܐܝܟ ܗܘܐ ܠܗ ܥܢܐ ܡܣܓܝܐܐ . ܘܐܫܟܚܗ ܠܪܥܝܐ ܘܣܓܝܐ ܥܢܐ ܗܘ . ܘܐܫܬܡܠܝ ܪܥܝܐ ܡܢ ܡܪܥܝܬܗ . ܘܐܬܟܠ ܡܢ ܐܒܘܗܝ ܕܗܘܐ ܡܕܝܢܬܐ ܐܝܟ ܫܠܘܚܝܢ . ܕܫܠܝܚܘܗܝ ܠܒܪܗ ܕܠܝܘܪܓܘܗܝ ܒܪܥܝܬܗ ܕܠܗܘܢ . ܘܫܒܩܘܗ ܠܗܘܢ ܡܢܠܠ ܡܢ ܐܝܟܢܐ . ܘܐܫܟܚ ܠܗ ܐܒܘܗܘܗܝ ܕܗܘܐ ܡܕܝܢܬܐ ܫܠܘܚܝܢ . ܕܗܘܐ ܠܥܒܗ ܒܐܫܟܚܬܐ (fol. 34 r°) ܘܡܢ ܪܥܝܐ ܠܪܥܝܐ ܠܩܕܪܫܘܗܝ ܢܬܒܥ ܠܗܬܘܢ . ܟܕ ܕܠܝܬ ܗܘܐ ܠܗܘܢ ܡܠܬܐ ܐܡܪܢܐ . ܘܫܒܩܘܗ ܪܥܝܐ ܠܫܠܘܚܝܢ ܒܥܒܗ . ܘܒܟܠ ܪܥܝܐ ܡܫܡܪ ܗܘܐ ܠܗ ܕܢܬܒܥ ܠܗ ܐܒܘܗܘܗܝ ܀

ܗܘ ܕܝܢ ܛܠܝܐ ܐܦܠܐ ܗܘܐ ܠܡܬܦܢܝܐ ܕܡܢܬܐ ܕܟܠ ܝܘܡ

1. M. Amélineau traduit par : « exerçait le métier de fellah ». Voici le texte arabe : والد هذا القديس صناعات الفلاحة, p. 304-305.

ܡܫܡܫܝܢ ܗܘܘ܆ ܘܫܒܚܝܢ ܗܘܐ ܠܐܠܗܘܬܗ. ܘܫܐܠܬ ܠܗܘܢ
ܕܐܝܠܝܢ ܕܠܐ ܚܝܠ ܡܫܡܫܬܐ. ܘܐܡܪܬ ܗܘܐ ܘܫܐܠܬ ܒܫܡܝܐ
ܟܝܢܐ ܠܒܪܘܪܗ. ܘܫܡܥܬ ܗܘܐ ܐܡܪܝܢ ܠܟܠ ܡܠܐܟܝܗܘܢ
ܠܡܫܡܫܐ ܩܕܡ ܡܪܝܐ ܟܝܢܐ ܠܒܪܝܐ. ܘܩܡ ܗܘܐ ܡܬܡܫܚܬܐ
ܗܘܝܢ. ܐܬܬܟܢܫ ܐܟܘܗܘܢ ܘܐܬܬ ܐܡܪܗ ܠܘܬ ܪܒܐ ܩܪܝܒܬܗ.
ܟܠܗ ܗܝ ܕܠܐ ܡܫܪܪܗ ܠܟܢܫܗ ܕܒܥܐ ܠܘܬܗܘܢ. ܐܝܟ ܕܐܡܝܢ
ܕܗܘܬ ܒܫܠܝܘܬܗܘܢ. ܘܐܡܪܢ ܕܠܐ ܢܣܒܝܗ ܠܗ ܬܘܒ ܚܒܪܬܐ
ܡܢ ܒܪܐ. ܘܡܟܝܠ ܠܗ ܗܘ ܪܒܐ ܕܒܟܠ ܪܫܡܐ ܡܫܪܪܬܗ
ܠܘܬܗܘܢ. ܘܩܡ ܕܗܘܐ ܪܫܡܐ ܡܫܪܪܗ ܪܒܐ ܠܡܫܠܡܝܢ ܠܗܢܐ
ܕܐܢܐ ܠܥܠܡܐ ܐܟܘܬܗܘܢ. ܘܐܬܐ ܒܡܬܪܗ ܡܢ ܪܘܚܢܝܐ
ܡܫܡܫܢܘܬܐ ܕܒܢܐ ܠܐܝܟܐ ܐܪܟܐ. ܘܡܫܡܫܝܢ ܩܕܡ ܐܬܐ ܠܡܫܡܫܬܐ
ܗܝ ܕܡܢܐ. ܘܡܫܒܚܝܢ ܠܗ ܡܠܐܟܘܗܝ ܘܩܡ ܒܪܗ. ܘܫܡܥܬ
ܐܡܪܝܢ ܒܝܠܕܬܐ ܠܗܘܢ ܠܐܠܗܐ. ܘܡܫܐ ܠܒܢܝܢܗ ܕܠܗܘܢ
ܗܘܘ. ܘܩܡ ܕܡܢ ܐܟܘܬܟܘܢ ܠܪܐܐ ܪܒܐ. ܗܘܝܢ ܠܟܠܐ ܩܡ
ܬܘܒ ܘܡܫܡܫܝܢ ܠܐܠܗܐ. ܘܠܒܪܝܐ ܕܡܟܝܠ ܐܬܐ ܐܟܘܬܗܘܢ
ܠܗܘܢ ܪܒܐ. ܘܐܬܝܐ ܐܝܟ ܡܪܟܘܢ. ܘܡܫܬܒܚܘܢ ܠܗܘܢ ܠܒܪܐ
ܕܡܠܟܘܬܗܘܢ ܡܫܡܫܝܢ. ܘܐܡܪ ܕܠܐ ܡܢܐ ܐܝܟ ܕܗܘܐ ܠܟܠܢ. ܕܐܝܟ
ܐܝܟܢ ܪܒܐ ܡܫܡܫܐ. (fol. 34 v°) ܘܐܡܪܬ ܕܡܫܡܫܝܢ ܕܠܗܘܢ
ܘܒܪܟܬܗ ܐܝܟ ܠܡܫܐܕܐ[1] ܀

1. Λαμπάδες. Même mot grec dans le copte ⲗⲁⲙⲡⲁⲥ. L'arabe porte : مصابيح.

3. ܘܒܬܪ ܟܡܐ ܙܒܢܝ̈ܢ ܘܟܠܗ ܐܘܟܠܘ ܐܒܘܗܝ ܠܫܠܘܓܝܢ .
ܠܗܢ ܩܕܝܫܐ ܡܢ ܡܫܥܬܐ ܒܠܚܘܕ . ܕܢܫܡܫ ܐܚܘܗܝ ܒܟܠܗܘܢ
ܘܠܒܢܝ̈ܐ . ܘܡܢ ܕܫܡܥ ܠܗܢ ܩܕܝܫܐ . ܐܬܝܩܪ ܒܢܘܗܝ
ܗܘ ܐܚܕܐ ܒܡܫܠܡܢܘܬܗܘܢ . ܘܐܡܪ ܠܐܚ̈ܐ ܪܚܡܐ ܕܐܬܐ
ܕܢܬܒܪܟܘܢ ܡܢܗ . ܗܘܝܘ ܒܥܘܬܐ ܕܢܗܘܐ ܘܢܬܒܪܟ ܡܢ
ܩܕܝܫܐ ܪܒܐ ܕܐܬܐ ܠܘܬܢ . ܘܡܫܘ ܘܢܦܩܘ ܠܐܘܪܥܗܘܢ . ܘܟܕ
ܡܛܝܘ ܠܬܠܡܝܕܐ ܫܠܘܓܝܢ . ܫܐܠܘ ܠܐܒܘܗ ܕܬܠܡܝܕܐ ܘܫܡܥܘ
ܟܠ ܪܡܙܗ . ܘܐܡܪ ܡܢܗ ܕܢܬܠܐ ܒܟܠܗܘܢ . ܘܐܒܟܝܘ
ܠܦܘܪܫܢܗ ܟܕ ܫܡܥܘ ܕܐܝܟܢܐ ܕܐܬܩܪܒ . ܘܐܝܟ ܗܘܐ ܒܝܘܡ
ܐܝܟ ܕܐܝܬ ܗܘܐ ܒܟܠܗܘܢ ܫܠܡܐ . ܘܟܕ ܡܛܝܘ ܫܠܘܓܝܢ
ܫܐܠ ܡܬܪܐ ܘܡܫܡܫܢܘܗܝ ܠܓܒܪܐ . ܘܐܬܠܐ ܫܠܡܐ ܘܐܡܪ .
ܕܢܦܩ ܐܢܐ ܡܢܗ ܐܘ ܫܠܘܓܝܢ . ܡܛܠ ܕܡܢ ܕܡܫܬܐܠܬ .
ܐܬܩܕܡ ܒܠܘܪܐ . ܘܢܦܩ ܡܢܗ ܠܟܠܗ ܦܟܘܗܝ ܐܝܟܢܐ ܕܒܬܝܢ
ܗܘܘ ܥܡܗ . ܘܐܦܩ ܗܘܐ ܐܒܝܠܐ ܠܐܒܘܗܘܢ ܕܫܠܘܓܝܢ
ܕܡܫܡܫܝܢ ܠܗܘ ܡܛܠ ܡܩܪܒܐ ܘܡܩܪܒܘ . ܐܡܪܘ
ܫܡܥ ܕܫܠܘܓܝܢ ܡܢܗ ܗܘܐ ܕܗܘܐ ܩܕܝܫܐ .

4. ܘܡܢ ܕܗܘܐ ܒܟܠܗ ܕܡܢܗ ܠܫܠܘܓܝܢ ܫܘܒܚܐ ܕܦܘܪܫܢܗ .
ܘܐܬܐ ܗܘ ܫܘܒܚܐ ܐܝܟܢܐ ܒܝܠܕܐ . ܘܐܬܩܪܒ ܠܗ ܡܠܐܟܐ
ܕܡܪܝܐ ܕܐܡܪ ܡܢ ܕܗܘܪܘܗܝ ܕܬܠܡܝܕܐ ܘܫܠܡܐ ܠܗ . ܘܐܡܪ ܠܗ
ܡܠܐܟܐ ܠܩܕܝܫܐ ܕܗܐ ܕܢܗܪ ܠܒܝܬܐ ܫܡܥ ܠܟܘܡܪܐ

ܕܡܫܡܫ ܐܢܬ ܕܫܡܥ ܠܗܘ ܪܡܫܗ. ܘܐܠܨܗ ܠܛܠܝܐ

ܫܢܘܕܝ. ܡܛܠ ܕܠܡܫܡܫܘ ܗܘ ܕܐܠܗܐ ܢܒܥܐ (fol. 35 r°)

ܘܡܫܡܫܢܐ ܫܦܝܪܐ ܠܗܘ. ܘܐܦ ܕܚܝܠܐ ܡܛܠ ܗܘܐ ܘܣܓܝ ܫܡܥܗ.

ܐܡܪܝܢܐ ܕܠܐ ܡܫܡܫ ܒܢܝܢ ܙܐܘܗ ܐܝܟ ܕܡܬܡܥܗܪܐ

ܠܡܫܡܫܢܘܬܗ. ܗܘܠܗ ܕܝܢ ܘܡܬܡܫܡܫܐ ܡܢܗ ܗܢܐ ܙܒܢܐ

ܘܐܠܡܟܬܒܐ ܡܫܝܚܐ ܘܡܝܬܐ ܢܦܠܗ. ܘܒܬܪ ܕܡܢܐ ܡܢ

ܗܘ ܒܠܝܐ. ܐܒܐ ܒܝܓܘܠ[1] ܫܡܗ. ܘܐܡܪ ܠܒܒܝܐ

ܕܫܡܫܡܢ ܠܗܘ ܪܡܫܗ ܐܝܟ ܕܐܡܪ ܠܗ ܡܠܐܟܐ. ܘܗܢܐ

ܠܫܢܘܕܝ ܘܐܠܨܗ ܐܝܟ ܠܗ ܒܝ ܠܒܘܬܐ. ܘܗܘܐ ܕܝܪܝܐ ܀

ܘܒܬܪ ܩܠܝܠ ܢܦܩ ܕܢܬܠܡܕ ܥܡ ܦܫܘܝ ܘܥܡ ܒܝܫܝ[2] ܠܡܫܘܢ. ܘܡܬܒܠܘ ܡܠܐ ܡܢ ܫܡܫܐ ܕܐܡܪ. ܕܫܢܘܕܝ ܒܒܝܬ ܪܫܐ ܕܕܝܪܝܐ ܦܠܚܘܢ. ܘܐܬܐ ܠܐܦܝܕܐ ܕܐܦ ܫܡܫܘܗܝ ܠܘܬܗ ܡܠܐ. ܘܐܡܪܘܢ ܕܫܢܘܕܝ ܫܡܫܢܐ ܡܠܐ ܕܐܡܪ. ܕܫܢܘܕܝ ܒܒܝܬ ܪܫܐ ܟܠܗ ܦܠܚܘܢ ܕܝܪܝܐ. ܘܐܬܐܘܗܝ ܠܫܢܘܕܝ ܘܐܡܪܘ. ܕܐܦ ܫܡܫܬܗܘܢ ܠܗܘܢ ܡܠܐ. ܘܐܬܕܡܪܘ ܗܘܠܝܢ ܦܝܫܐ ܘܐܡܪܘ ܠܒܝܪܐ. ܕܒܝܠܐ ܐܬܐ ܗܘܐ ܛܠܝܐ ܠܒܪܝܬܐ ܪܒܐ. ܘܡܫܡܫܘܢ ܠܐܠܗܐ ܟܠܗ ܡܫܘܚܠܦܘ ܙܘܪܒܬܐ ܕܠܗ ܒܝܢܬܐ ܀

1. Bgoul, بجول et ⲡϫⲟⲗ.

2. Le copte et l'arabe l'appellent Bschoi ou Bschai : ⲡⲓϣⲱⲓ et بشاى.

5. ܘܒܬܪܟܢ ܡܢ ܕܠܒܫ ܐܣܟܝܡܐ ܩܕܝܫܐ ܠܐܒܘܗܝ ܦܓܘܠ.
ܕܐܚܘܗ̇ ܠܐܒܘܗܝ ܐܠܘܐ . ܦܢܐ ܢܦܫܗ ܘܐܬܟܠܝ ܠܢܦܫܗ ܕܐܡܗ
ܒܪܘܚܐ ܐܡ̈ܝܢܐ ܘܒܪܟܬܐ ܕܫܡ̈ܝܢܐ . ܘܗܘܐ ܕܢܬܟܢܫ ܗܘܐ
ܠܨܘܡܐ ܘܨܠܘܬܐ ܠܥܠܡ ܐܦܠܐ ܗܘܐ ܒܠܒܗ ܪܚܡܐ . ܒܥܘܬܐ
ܕܒܠܒ ܒܐܝܩܪܗ . ܘܦܩ ܒܠܒܐ ܟܠܐ ܒܦܪܨܐ . ܘܗܘܬ
ܟܐܢܘܬܗ ܐܝܟ ܕܐܠܝܐ ܢܒܝܐ ܘܝܘܚܢܢ ܡܥܡܕܢܐ (fol. 35 v°)
ܘܐܝܟ ܕܡܢ ܠܘܬܗ . ܘܗܟܢ ܦܠܚܐ ܕܡܗܝܡܢܘܬܐ ܘܟܠܗ ܕܒܢܝܐ
ܕܝ̈ܢܘܬܐ . ܘܐܬܐ ܠܡܢܝܢܐ ܕܡܠܟܘܬܐ . ܘܡܫܡܗܐ ܘܡܬܢܨܚܢܐ .
ܘܠܟܠܗܘܢ ܐܝܟ ܕܐܦ ܘܐܬܚܙܝ ܠܗ . ܘܗܟܢܐ ܡܬܒܥܐ ܗܘܐ
ܘܦܘܡܩܗܘܢ . ܘܫܠܡܗ ܠܗܘܢ ܐܒ ܡܢ ܕܗܘܐ ܠܒܝܫܐ .
ܘܐܬܡܠܟ ܒܐܝܕܘܗܝ ܡܢ ܦܠܚܐ . ܘܗܟܢ ܡܫܬܘܐ
ܠܡܢܘܬܗܘܢ[1] ܕܐܝܟܢܐ ܒܗܘܢ ܠܟܠܗ . ܘܐܫܠܡܗ ܕܠܗ ܡܢ
ܕܦܫܗ ܫܐܠ ܠܐܒܘܗܝ ܦܓܘܠ . ܐܠܐ ܕܗܘ ܡܫܡܫܢܐ ܗܘܐ
ܐܝܟ ܘܡܛܠ ܐܝܟ ܒܦܘܡܗ . ܘܗܟܢ ܡܫܬܘܕܥ ܗܘܐ
ܒܛܝܒܘܬܐ ܕܠܗܘܢ ܟܢܘܫܬܐ ܠܐܢ̈ܫܝܢܘܗܝ . ܘܐܬܪܡܝ ܐܝܟ ܪܘܚܐ
ܡܫܡܫ ܗܘܐ ܒܠܝܠܝܐ . ܘܒܟܠ ܪܘܚܐ ܡܫܡܫܢ ܗܘܐ
ܒܫܢܝܢ ܘܐܪܒܥ ܡܛܢܘܝܣ[2] . ܘܠܐ ܕܡܟ ܗܘܐ ܒܠܠܝܐ ܗܘ
ܡܢܟܠ ܐܠܐ ܒܪܬ ܡܢ ܥܕܢܐ ܡܫܡܫ ܗܘܐ ܠܟܠܝܘܡ ܕܐܝܟ

1. Copte : ⲔⲀⲚⲰⲚ ⲚⲚⲒⲘⲞⲚⲀⲬⲞⲤ.

2. Μετάνοιας, génuflexions ou inclinaisons de tête. Item dans le texte arabe, p. 314 : مطانوة, et dans le texte copte : ⲘⲘⲈⲦⲀⲚⲞⲒⲀ.

ܡܢ ܡܫܡܠܝܘܬܐ ܕܦܓܪܗ. ܘܡܛܠ ܡܣܝܒܪܢܘܬܐ ܕܐܝܬ ܗܘܐ ܠܗ
ܠܐ ܛܥܡ ܗܘܐ ܐܠܐ ܡܢ ܫܒܬܐ ܠܫܒܬܐ[1] ܘܟܕ ܨܘܡܐ ܕܐܪܒܥܝܢ
ܡܩܕܡ ܡܟܠܐ[2] ܐܦܠܐ ܗܘܐ[3] ܫܟܝܚܐ ܡܟܝܠܐ. ܘܟܠܗܘܢ
ܚܙܐ ܗܘܐ ܪܘܚܗ ܠܫܡܗ ܕܝܫܘܥ ܕܐܬܝܗܒ ܒܠܒܗ ܒܩܪܒܗ.
ܘܟܠܗܘܢ ܐܬܕܟܪܘ ܒܡܕܒܪܢܘܬܗܘܢ. ܘܐܬܚܙܝ ܡܫܝܚ
ܡܢ ܡܫܝܚܘܬܐ ܒܪܘܚܐ ܘܕܒܪܗܘܢ. ܘܟܠ ܗܘܐ ܠܗ ܡܛܠ
ܡܢ ܕܝܢܐ ܠܥܘܡܪܐ. ܘܡܬܦܢܐ ܡܫܡܫܢܘܬܐ ܒܝܫܪܘܬܗ.
ܘܝܕܥܝܢ ܗܘܘ ܟܠܗܘܢ ܥܠܡܝܐ (fol. 36 r°) ܕܟܠ ܐܝܟܢܐ
ܕܡܫܬܥܝܢ ܒܟܬܒܐ. ܘܡܛܠ ܕܝܕܥܝܢ ܗܘܘ ܠܗ ܟܘܠ
ܗܘܐ ܠܗܘܢ ܗܘܦܟܗܘܢ ܘܡܫܡܫܢܘܬܗܘܢ. ܘܡܛܠ ܗܢܐ ܗܘܐ
ܠܚܟܡܝܢ ܠܗܘܢ ܡܫܡܫܢܘܬܗ ܘܡܫܡܫܘܬܗ. ܘܡܬܦܢܐ ܗܘܐ
ܠܐܠܗܐ ܡܫܬܒܚܢܘܬܗܘܢ. ܕܢܗܘܐ ܠܗܘܢ ܘܢܫܡܐ ܠܗܘܢ ܀

6. ܘܐܬܚܙܝ ܚܕ ܠܗ ܒܙܒܢܐ ܕܡܫܡܫ ܗܘܐ ܩܫܝܫ.
ܘܡܠܟܝܢ ܕܢܒܐ ܐܢܐ ܕܐܬܐ ܐܡܝܢܐ ܘܐܬܚܙܝ ܡܠܐܟ. ܘܐܬܟܢܫܘ ܠܡ
ܒܝܘܡܐ ܚܕ ܠܡܫܡܫ ܠܗ ܠܐܠܗܐ ܡܫܬܒܚ. ܘܡܠܟ
ܠܗ ܐܚܘܗܝ ܟܕ ܐܬܩܛܠ. ܕܐܦ ܡܩܕܫܐ ܐܢܐ ܡܠܟ. ܐܬ

1. De même dans le copte : ПСАББАТОН ШАПСАББАТОН, et dans l'arabe : من السبت الى السبت.

2. Lire : ܠܐ ܫܡܥ.

3. Ajouter : ܐܠܐ.

ܠܟܝ . ܘܐܢ ܠܐ ܡܫܬܡܥ ܐܢܬ . ܠܐ ܡܫܡܥܬ¹ ܦܘܩܕܢܟ . ܘܦܩܕ
ܠܗ ܕܢܚܬ ܐܢܐ ܥܠ ܕܩܡܛ² ܠܟ . ܘܐܡܪ ܐܒܘܢ ܕܐܢܬ . ܘܡܢ
ܥܠ ܠܒܬܗ ܕܐܒܘܢ ܚܙܐ ܢܦܫܗ ܥܠ ܐܪܥܐ ܡܫܬܓܕܝܢ . ܘܐܡܪ
ܠܗ ܐܒܘܢ . ܐܘܕܐ ܒܫܠܛܢܟ . ܘܐܫܬܡܥ ܡܢܟ ܗܠܝܢ
ܕܡܠܘܗܝ ܐܢ ܒܟܠܗ ܩܘܕܫܟ . ܘܐܬܦܩܕ ܠܐܬܪܐ ܕܡܬܩܪܐ
ܒܫܘܠܛܢܐ . ܘܐܡܪ ܗܘ ܕܘܟܣܐ . ܕܢܦܩ ܡܢ ܩܕܡܝܟ ܡܢ ܡܠܟ
ܥܠ ܕܘܟܣ ܒܫܠܡ . ܠܟܢ ܕܘܟܣܐ ܕܢܦܩ ܩܘܩܘܣܐ ܘܡܐܬܝܢܐ
ܗܘܐ ܡܫܘܛܐ ܕܩܘܩܐ ܕܩܒܪܗ . ܘܫܡܠܐ ܩܘܦܐ ܘܐܬܪܟܒ
ܒܐܘܪܚܐ ܘܡܫܡܫܢܘܗܝ ܘܢܦܠ ܡܢ ܡܫܚܐ . ܘܫܡܠܝܘܗܝ ܠܕܘܟܣܐ
ܡܢ ܫܒܪ ܐܢܐ ܕܐܡܪ ܒܗ ܫܘܓܐܐ ܕܩܘܦܐ ܕܫܪ ܐܢܐ ܒܗ .
ܘܠܐ ܐܫܟܚܬ ܒܗ ܐܠܐ ܬܘܠܕܬܗ ܕܕܝܠܗ . ܘܡܦܩܬ ܘܡܕܒܪܬܗ
ܠܫܘܠܛܢܐ ܗܘܐ ܐܘܪܚܬ ܐܒܘܢ . (fol. 36 v°) ܕܬܡܠܟܘܢ ܡܢܐ
ܐܢܬܝ . ܐܡܪܬ ܕܐܬܡܚܝܬ ܒܗ . ܐܡܪ ܠܗ ܐܒܘܢ ܡܕܝܢܬܐ ܐܚܐ
ܫܘܪܝܢ . ܐܠܐ ܗܘܬ ܠܐܟܡܝܡ ܡܕܝܢܬܐ³ ܘܡܫܟܚܢܬ
ܫܠܝܛܐ⁴ ܘܦܠܚܘܗܝ ܕܐܠܟܣ ܒܐܪܥܐ ܕܡܕܝܢܬܐ . ܘܡܟܝܠ ܗܘܘ
ܠܫܠܝܛܐ ܕܐܫܪܘ ܐܢܘܢ ܒܝܬܘܬܐ ܘܡܢܘܠ ܘܫܠܛܘܗ ܢܦܫܗ

1. Lire : ܡܫܡܥ ܐܢܬ.

2. Lire : ܩܡܬ ܐܢܬ.

3. Item dans le copte : ϯⲡⲟⲗⲓⲥ ϣⲙⲓⲛ ; arabe : أخميم.

4. Copte : *le duc* ⲙⲁⲟⲧⲉ.

ܟܕ ܗܠܝܢ ܫܢ̈ܝܐ ܘܡܢܝܢܐ ܕܚܝ̈ܘܗܝ ܐܫܬܠܡ. ܘܐܦ ܡܫܐܠܝܢ
ܠܗ ܐܘܪܚܐ ܕܚܝ̈ܘܗܝ ܐܝܟ ܕܟܬܝܒ ܗܘܐ. ܐܡܪܝܢ ܕܐܬܚܫܒܬ
ܠܚܝ̈ܘܗܝ. ܘܐܬܚܙܝܬ ܡܢ ܕܝܠ ܕܐܢܫ. ܘܐܬܐܡܪ ܚܝ̈ܐ ܕܒܟܠܗ
ܕܒܫܢ. ܘܐܫܬܡܥܬ ܫܢ̈ܝܐ ܠܡܩܘܡܝܗ ܕܐܢܫ. ܘܐܬܐ
ܘܐܬܡܠܝ ܠܚܝ̈ܘܗܝ. ܘܡܢܐ ܡܠܟܘܬܐ ܕܫܡܝܐ. ܘܠܐܡܪ ܦܠܢ
ܫܘܒܚܐ ܠܫܡܗ ܕܫܡܝܐ ܕܠܗ ܐܬܚܙܝ ܠܗ ܐܬܚܫܒܬܐ ܀

7. ܐܘܟ ܕܝܢ ܐܠܡܫܝܚܐ ܕܫܠܘܡܝܢ ܕܫܡܗ ܗܘܐ ܦܫܝܛܐ[1]
ܡܢ ܡܕܝܢܬܐ ܕܠܡܗ. ܐܬܐ ܕܢܫܠܡ ܠܘܬܗ. ܘܫܡܠܠܗ ܕܡܠܟܘܬܐ
ܟܕ ܐܢܫܐ. ܘܟܕ ܕܢܫܠ ܘܦܩܕ ܠܗ ܕܢܟܘܠ. ܠܐ ܐܫܟܚ
ܠܘܬܗ ܐܢܫܐ[2]. ܐܠܐ ܗܘ ܠܚܘܕܘܗܝ. ܘܐܬܟܢܫ ܡܠܟܗ
ܘܫܠܡܗ ܘܐܘܕܥܗ ܕܟܕ ܐܝܟ ܗܘܐ ܠܘܬܗ ܐܚܘܗܝ ܘܟܠܗ ܡܢ
ܡܠܟܘܬܐ ܗܘܝܐ. ܘܟܕ ܕܐܬܚܙܝ ܐܡܪ ܠܗ. ܡܢܘ ܡܫܝܚܐ
ܡܫܡܫܢܐ ܐܬܐܘܗܝ ܘܟܕ ܕܐܬܐ ܘܟܠܗ ܐܬܟܠܝ ܡܢ ܠܘܬܗ.
ܗܝܕܝܢ ܐܡܪ ܠܗ ܐܢܐ. ܕܐܙܠ ܐܢܐ ܐܘ ܐܚܘܗܝ ܕܐܬܐܡܪ
ܘܠܡܕܒܪܐ. ܘܐܡܪ ܠܗ ܦܫܝܛܐ. ܠܐ ܡܫܟܚܐ ܕܐܬܐܡܪ
ܡܠܬܐ ܕܫܠܡ ܐܝܟ. ܘܡܛܠ ܠܗ ܐܢܫ̈ܐ ܡܬܘܡܝܐ[3]
ܘܦܫܝܛܘܬܗ ܕܠܐ ܟܠܗ. ܘܐܬܚܙܝ ܠܗܘܢ ܒܘܪܟܬܐ. ܒܦܠܗ

1. BHGA; arabe : ماري ويصا.

2. Copte : « Le Sauveur se retira », ПЕСѠТНР ϤРАНАХѠРЕІН NAϤ.

3. Μαζάκα.

ܠܗ ܐܒܘܢ . ܕܗܘܐ ܕܡܢܐ ܐܬܬܢܝܚ ܘܠܗ (fol. 37 r°) ܕܝܠܗ
ܬܐܠܡܪ ܠܡܥܒܪ ܒܥܒܪܐ ܚܕܝܢ ܐܬ ܒܥܠܐ ܠܒܝܬܗ . ܡܛܠ ܕܗܘ
ܒܢܝܫܡܬܗ ܐܦܐ ܘܡܫܬܒܠܐ ܘܦܩܕ ܠܗ . ܐܪܘܪ ܕܠܐ ܬܫܒܠܐ
ܡܢܟ . ܘܐܡܪ ܦܐܘܡܝܘ ܕܐܒܘܢ . ܐܬܐ ܒܥܐ ܡܣܟܢܐ .
ܘܠܥܠܬ ܒܬܪܟܐ ܐܡܪ ܠܚܡܐ . ܘܡܢ ܕܦܣܩܬ ܕܐܒܘܢ ܐܥܠܬܗ
ܠܣܦܝܢܬܐ . ܘܡܢ ܡܢܝܢܐ ܗܠܝܢ . ܒܥܬܐ ܪܘܒܐ . ܘܐܬܪܚܡ
ܥܠܝ ܐܒܘܢ . ܘܐܡܪ ܠܗ ܠܐ ܬܬܒܥܐ . ܐܠܐ ܢܦܠܐ ܐܠܐ ܒܥܡܪ
ܘܡܦܩܢܐ ܐܠܐ ܠܗ ܕܢܫܬܡܥ ܡܬܠܠܬܗ ܕܥܝܢ . ܘܒܬܪܟܢ
ܐܬܬ ܠܥܠܬܗ ܕܐܒܘܢ . ܘܡܥܠܬܗ ܠܣܦܝܢܬܐ ܦܢ ܡܥܠܬܐ
ܒܥܝܗ . ܘܡܢܗ ܠܗ ܒܠܚܝܕܐ ܘܟܢܫܬܐ ܘܐܘܪܚܐ ܠܣܦܝܢܬܐ
ܠܡܬܥܕܪ ܕܠܠܝܐ . ܠܐ ܕܝܢ ܐܬܬܘܒܬ ܠܥܠܬܗ ܒܦܢܝܢ ܀

8. ܒܥܕܢ ܕܝܢ ܡܢ ܫܘܠܡܐ ܢܚܬ ܗܘܐ ܐܒܐ ܦܠܘܕܝܢ ܠܘܬ
ܦܝܠܐ ܕܠܐ ܒܥܒܕ ܕܢܗܘܐ ܘܐܬܒܥܐ ܠܠܒܘܗܝ ܡܢ ܦܝܘܬ
ܡܦܢܝܢܐ ܘܡܬܠܠܐ ܒܥܝܗ . ܘܐܡܪ ܠܗ ܐܒܘܢ . ܢܒܝܐ ܠܗ
ܕܐܡܪܐ ܠܦܝܠܐ ܕܢܦܠ ܒܗܘܢ ܡܢ ܒܪܐ . ܘܐܬܒܥܐ ܡܢܗ ܡܦܢܝܢܐ .
ܘܒܬܪ ܦܠܓܐ ܡܢܝܐ . ܗܘܬ ܗܘܐ ܕܘܒܐ ܡܥܠܐ ܘܪܕܬ ܒܗܘ
ܠܦܝܠܐ . ܘܐܬܢܝܚ ܒܗܘ ܡܦܢܝܢܐ ܕܢܚܬ ܐܡܪ ܪܘܚ ܡܥܠܝܐ .
ܘܟܘܒܐܐ ܕܩܠܐܦܐ[1] ܒܥܝܗ ܐܡܪ ܟܘܒܪܢܝܛܐ[2] ܘܡܥܠܝܐ . ܘܪܕܬ

1. Copte : ⲔⲈⲖⲄⲄⲈⲖⲞⲤ.
2. Κυβερνῆται.

ܐܠܗܐ ܘܐܫܬܡܥܘ ܠܒܥܘܬܗ܂ ܗܢܐ ܕܐܡܪ ܗܘܐ ܠܗ ܐܒܐ ܦܠܘܣܝܣ ܘܦܪܝܠܐ܂ ܘܐܡܪ ܡܫܡܫܢܐ ܠܦܠܘܣܝܣ ܐܘܟܝܬ ܐܡܝܪ ܘܐܡܬܝ ܡܠܬܐ ܕܐܠܗܐ ܕܐܣܬܟܝܢ܂ ܘܫܡܥܘ ܠܡܠܬܐ ܘܠܐ ܐܬܟܪܝܘ ܕܢܬܕܟܪܘܢ ܠܐܠܗܐ܂ ܘܦܢܘ ܠܥܘܡܪܐ ܕܟܠܐ ܚܕܘ ܘܫܒܚܘ ܒܪܟܬܗ܂ (fol. 37 v°) ܘܩܛܪܘ ܠܡܫܠܐ ܒܗ܂ ܘܦܫ ܡܬܕܪܐ ܘܟܠܗ ܒܫܠܡܐ ܗܘܐ ܒܝܕܐ ܠܥܘܡܪܐ ∴

9. ܒܬܪ ܐܝܟ ܕܒܝܫܐ ܐܬܐ ܠܘܬܗ ܕܐܒܘܢ܂ ܘܐܬܒܠ ܡܢܗ ܕܠܐ ܢܟܠܘܗܝ܂ ܘܐܡܪ ܠܗ ܐܒܐ ܦܠܘܣܝܣ܂ ܐܘܫܠܡܐ ܐܝܠܐ ܠܟܠܝܢܝ܂ ܡܢ ܐܝܟ ܒܡܬܢܝܪ ܡܫܚܠܬܐ ܪܒܬܐ܂ ܐܡܪ ܗܘ ܥܒܕܐ ܠܐ ܬܘܒ ܗܘܝܬ ܐܢܐ ܠܒܥܘܬܗ܂ ܦܪܣܣܛܝܠܐ ܐܝܬܝ܂ ܘܟܠܡ ܐܠܗܐ ܡܪܝܐ ܐܒܐ ܘܒܪܐ ܘܪܘܚܐ ܩܕܝܫܐ ܫܒܝܚܬ ܐܠܐ ܡܢ ܦܡ ܡܠܬܗ ܢܦܫ܂ ܐܡܪ ܠܗ ܐܒܘܢ܂ ܠܗܘ ܐܝܬ ܗܘ ܡܘܡܬܐ ܕܐܒܐ ܘܐܬܬܚܬ ܘܪܘܚܐ܂ ܘܒܟܠܝܠܐ ܡܬܚܬ ܫܦܝܪ ܘܢܦܠܬ ܘܐܬܚܫܬ ܐܬܬܐ ܒܠܘܥܝܪ ܘܥܝܢܬܗ ܒܫܦܝܪ ܘܡܦܬܚܬܗ܂ ܘܐܡܪ ܗܘ ܥܒܕܐ ܦܪܣܝܣܛܝܣ ܠܟܠܗܝܢ ܗܘܐ܂ ܐܠܐ ܟܠܗ ܢܦܫܬܐ ܕܡܢ ܕܗܘܫܪ ܘܢܐܬ܂ ܐܡܪ ܠܗ ܐܒܘܢ ܦܪܣܝܣܛܝܣ ܡܠܬܡܠܐ ܢܦܫܬܐ ܕܡܢ ܕܗܘܫܪ ܘܢܐܬ܂ ܐܘ ܡܠܟܬܗ ܡܠܟܐ ܕܡܠܟ܂ ܢܦܫܠܐ ܐܠܐ ܕܡܬܡܫܚܐ ܐܝܬ܂ ܡܠܐ ܕܐܠܗܘܬܐ ܠܐ ܪܒܐ ܒܒܘܢܗ ܕܫܘܝܐ܂ ܐܝܟ ܗܘ ܕܐܡܪ܂ ܘܡܠܟܘܬܗ ܕܗܘܐ ܕܫܪܝܐ ܘܐܬܚܫܒ܂ ܘܫܦܪ ܡܠܟܘܬܗ ܘܐܠܗܘܬܗ ܐܒܘܢ

ܩ̈ܛܠܐ ܕܪܫܝܥܘܬܐ . ܘܒܬܪ ܕܬܟܠܝܬ ܦܘܠܡܘܣ . ܐܚܝܕ ܐܒܘܢ ܒܐܝܕܗ .
ܘܢܗܒ ܠܗ ܡܘܡܐ ܕܩܢܝܐ ܘܐܘܒܠܗ ܠܛܘܪܐ ܕܩܕܝܫܘ ܘܐܒܠܗ
ܠܝܗ ܡܟܢܪܬܐ ܕܗܘܝܐ ܒܡܫܡܫܢܘܬܗ . ܘܐܡܪ ܠܗ ܒܗܘܬܐ
ܕܠܐ ܒܗ ܠܘܗܪܐ . ܘܐܬܒܗܠ ܒܗ (fol. 38 r°) ܘܐܚܝܕ ܒܐܩ̈ܕܘܗܝ .
ܘܡܢ ܗܒܝܐ ܠܡܒܝܐ ܐܪܐ ܗܘܐ ܐܒܘܢ ܠܘܬܗ ܘܡܛܠܐ ܠܗ
ܕܠܐ ܢܬܒܗ . ܘܐܡܪ ܠܗ ܕܡܢ ܬܪܝܢ ܣ̈ܘܟܡܝܢ ܡܬܢܚܠܝܢ ܒܟܠܟܠܐ
ܡܢܗܘܢ ܕܐܬܝܠܝܢ ܘܐܬܪܥܠܝܢ ܗܘ̈ܪܝܢ ܘܐܡ̈ܢܝܢ . ܘܐܪ̈ܡܝܢ ܩ̈ܠܝܢ
ܡܟܢܝܢ ܘܦܓܥ ܬܡܝܗܐ ܒܦܪܝܫܬܐ ܠܝ . ܘܡܒܪܬ ܠܝ ܕܪܘܚܝܢ
ܡܬܒܛܠܐ ܡܢ ܡܫܝܚܘܬܐ ܕܡܒܗܘ ܕܝܫܝܓܠܝܢ . ܘܦܫ ܡܢ
ܐܢ̈ܝܢ ܪܘܚܐ ܕܫܝܢܝ ܡܫܪܐ ܐܚܕ ܕܡܫܒܚܐ ܫܪܝܐ . ܘܗܘܦܟ
ܗܘ ܪܘܚܐ ܘܗܘܐ ܬܠܠܐ . ܘܢܦܩ ܡܢ ܥܘܪܗ ܕܗܘܐ ܡܟܢܪܬܐ
ܘܐܬܒܠܥ . ܘܢܦܠܬ ܐܦܠ ܒܠܐ ܐܦܝ ܒܝܬܘܬ ܪܘܚܐ ܒܡܫܚܐ
ܠܗܘܢܐ ܕܐܬܢܚ . ܐܡܪ ܠܗ ܐܒܘܢ . ܐܬܢܝܚܠ ܒܪܝ . ܡܘܟܠܐ
ܝܗܒ ܗܒܒ ܠܟ ܐܠܗܐ ܒܠܘܗܝ ܡܫܬܘܕܝܢ . ܘܐܦܩܗ
ܐܒܘܢ ܡܢ ܡܟܢܪܬܐ ܗܝ ܘܐܝܬܝܗ ܠܘܬܝ ܠܝܕܢܐ . ܒܕ ܕܝܢ
ܡܢܝܚܗ ܐܢܐ ܦܩܕܗ ܬܠܡܝܕܗ ܕܐܒܘܢ ܗܠܘܝܢ ܦ̈ܐܠܚܘܗܝ
ܒܒܠܘܗܝ . ܠܗ ܗܘܐ ܗܘ ܢܘܦܪܐ ܕܐܬܐ ܠܘܬܝ . ܐܡܪܐ ܗܘܐ
ܒܗܘܢ ܕܒܠܐ ܦܠܚܘ . ܘܐܡܪ ܐܒܘܢ . ܡܫܡܘܬܐ ܪܒܬܐ ܐܝܬ ܗܘܐ
ܒܗ ܒܡܫܒܬܐ . ܡܢ ܐܪܐ ܒܡܫܐ ܫܦܝܪܐ . ܘܐܘܒܠܗ ܠܘܬ
ܐܚܐ ܘܡܢ ܒܗ ܘܐܬܐܡܪ . ܘܡܢ ܕܗܘܐ ܡܟܠܐ ܠܘܬܗܘܢ ܗܘܦܟ

ܠܡܕܒܪܗ . ܘܐܬܕܪܫ ܒܥܡܝܪܘܬܐ ܘܒܥܒܕܐ ܪܒܐ ܕܐܝܣܘܢܬܐ
ܒܝܘܡܐ ܠܡܫܠܡܘܬܗ ܀

10. ܗܘܐ ܐܬܐ ܠܘܬܗ ܕܐܒܘܢ ܚܕܢܐ ܟܗܢܐ ܡܢ ܫܡܝܢ[1] . ܘܐܬܒܪܟ ܕܢܟܠ ܠܡܫܡܫܘ ܠܟܘܠܗ ܘܫܡܫܗ[2] (fol. 38 v°) .

11. ܐܬܐ ܒܝܘܡ ܕܫܢܝܐ ܡܢ ܕܢܐ ܕܡܣܐ ܘܙܒܐ ܐܒܐ ܡܩܝܡ ܠܘܬܗ ܕܐܒܐ ܦܠܘܪܝܢ ܕܢܣܒܘܢ ܡܢܗ . ܘܐܬܐ ܙܥܘܪܐ ܡܢ ܟܠܗ ܐܟܣܢܝܐ ܡܕܝܢܬܐ ܐܣܟܝܛܐ ܕܡܣܟܢܘܢ ܦܘܩܕܢܘܗܝ . ܘܡܠܟܘܗܝ ܠܟܘܢ . ܐܒܘܢ ܐܦܠ ܕܫܢܝܐ ܒܗܘܢ ܐܒܝܛܐ ܐܣܝܪ ܐܒܐ ܐܢܛܘܢܝܘܣ . ܘܐܡܪ ܠܗܘܢ ܐܒܐ ܦܠܘܪܝܢ . ܐܠܐ ܐܬܦܢܝܘ ܠܟܘܢ ܕܫܢܝܐ ܕܒܗܘܢ ܐܒܝܠܐ ܠܐ ܗܘܐ ܒܦܩܘܕܝܗ ܕܐܒܐ ܐܢܛܘܢܝܘܣ ܩܕܝܫܐ . ܘܐܬܕܒܪ ܠܟܘܢ ܘܗܝܡܢܘ ܠܡܠܟܗ . ܘܐܬܦܢܝܘ ܡܢܗ ܘܙܕܩ ܒܐܘܪܚܗܘܢ ܠܟܢܫܗ ܕܒܝܬܗܘܢ ܀

12. ܐܫܬܟܚ ܐܒܐ ܩܕܝܫܐ ܦܠܘܪܝܢ . ܕܟܕ ܐܫܬܘܕܥ ܗܘܐ ܡܫܝܚܐ ܠܘܬܗ . ܘܡܬܟܢܫ ܠܥܡܗ . ܐܬܐ ܐܦܝܣܩܘܦܐ ܕܐܟܡܝܢ ܠܝܕܥܗ . ܕܢܬܡܠܟ ܥܡܗ ܒܥܒܕܐ ܘܐܝܟ ܠܗܘ ܦܐܪܘܢܐ . ܘܬܢܟܠܘܢ ܠܐܠܗܘܬܢܝܘܬܐ . ܘܡܚܪ ܠܘܬܗ ܕܢܦܘܩ ܡܢ ܕܘܟܬܐ . ܘܦܠܓ ܠܗ ܡܢܐ ܕܠܐ ܡܫܡܫ ܐܢܐ ܠܗ . ܘܫܠܚ ܠܗ ܐܦܝܣܩܘܦܐ

1. ܫܡܝܢ. L'arabe donne : Akhmin.

2. Il y a ici une lacune. Le scribe, pour alléger sa besogne, semble avoir omis quelques passages en passant du fol. 38 r° au fol. 38 v°.

ܕܦܘܩ ܠܘܬܗ ܡܛܠ ܕܠܒܬܐ ܐܚܪܬܐ ܗܘܐ . ܘܦܩܕ ܠܗ ܫܒܐ .
ܕܠܐ ܢܦܩ ܐܠܐ ܠܗ ܒܗܘܢ ܟܝܢܐ . ܘܐܬܬܒܥ ܐܦܝܣܩܘܦܐ .
ܘܡܠܟܫ ܠܗ ܐܝܟ ܕܐܣܬܟܠܬ . ܐܝܟܢܐ ܦܠܚܝܢ ܫܡܥܬ .
ܘܠܝܬ ܠܟ ܡܘܡܝܐ . ܐܠܐ ܢܦܫ ܠܗܝܢ . ܘܡܢ ܫܒܩܬ
ܗܠܝܢ ܠܟ ܐܬܕܟܪܬ ܟܕ ܠܝ ܡܠܦܬ . ܘܐܡܪ .
ܕܡܛܠ ܠܗܘܢ ܒܪܝܬܐ ܕܐܬܚܙܝ ܒܚܙܘܐ ܘܕܡܐ . ܐܟܙܢܐ ܠܝ
ܕܐܦܫ (fol. 39 r°) ܪ̈ܐܙܘܗܝ . ܟܕ ܐܝܬ ܠܗ ܡܪܐ ܕܒܗܘܢ
ܒܪܝܬܐ . ܘܣܓܝ ܐܡܪ ܠܝ ܡܫܝܚܐ ܡܪܢ . ܕܡܢ ܦܘܩ
ܠܗ ܐܦܝܣܩܘܦܐ ܕܠܐ ܦܫܩ ܘܡܬܚܪܝ ܠܝ . ܘܠܝܬ ܠܝ
ܠܗ ܡܪܢ . ܟܕ ܡܘܠܕܐ ܕܝܢ ܕܗܘܐ ܠܦܠܓܘܬ
ܐܠܗܝܐ . ܘܠܥܠܡܝܢ ܡܫܝܚܐ . ܘܐܦ ܠܥܕܬܐ ܕܐܬܩܢܘܢ .
ܕܠܗܘܢ ܕܢܟܡܘܢ ܠܗܠܝܢ ܘܡܕܢܚܐ . ܘܡܢ ܡܫܒܚܘ
ܠܗܘܐ ܡܢ ܡܫܝܚܐ ܣܓܝ ܠܗ . ܘܒܬܪܗ ܕܗܘ ܢܦܫܗ
ܠܗ ܐܦܝܣܩܘܦܐ . ܘܡܠܟܬ ܕܠܗܘܢ ܘܐܬܒܪܟ ܡܢܗ .
ܘܫܒܚܘ ܡܠܟܘܬܐ ܘܒܪܟܘܢ ܘܐܙܠ ܠܐܘܪܚܗ ܀

13. ܐܬܐ ܐܝܟ ܟܠܗܝܢ ܕܗܢܐ ܡܢ ܕܗܢܐ ܕܐܦܐ ܦܘܣܝܢ[1] . ܕܐܬܐ
ܠܡܫܝܚܐ ܡܠܟܘܬܐ ܒܟܠܗ ܠܗ ܡܠܟܐ[2] . ܘܡܢ ܕܗܘܐ
ܠܚܝܘܗ ܕܐܦܐ ܗܠܝܢ . ܗܢܐ ܕܠܗܘܢ ܘܠܐܢܫ ܡܢܗ .

1. Ce moine est appelé, dans le texte copte : Martyrios de Phboòu, ⲙⲁⲣⲧⲩⲣⲓⲟⲥ ⲛⲧⲉ ⲫⲃⲱⲟⲩ ; dans le texte arabe : مرداريوس.
2. Le copte ajoute : Théodose.

ܘܐܡܪ ܠܗ ܬܠܡܝܕܗ . ܙܕܩ ܒܐܘܪܫܠܡ ܘܫܒܘܩ ܠܗ . ܕܠܐ
ܢܦܠ ܥܕܡܐ ܘܠܐ ܥܡܐ ܐܦܠܐ ܐܬܡܠܝ . ܘܠܐ ܫܡܠܠܬܘܢ ܒܗ .
ܐܠܐ ܐܬܐ ܠܡܕܝܢܬܗ ܕܐܒܐ ܫܠܘܚܝ ܘܢܦܩ ܐܒܘܢ ܠܐܘܪܥܗܘܢ .
ܘܐܡܪ ܠܗܘܢ ܐܒܘܢ ܡܩܪܐ . ܐܝܟܐ ܐܝܬܝܗܘܢ (ܡܩܒܠܝ)[1] ܬܠܡܝܕܘܗܝ
ܕܗܘ ܥܒܕܐ ܡܩܪܐ . ܘܐܡܪ ܗܘ ܬܠܡܝܕܐ ܕܐܠܐ . ܘܐܡܪ ܠܗ
ܐܒܘܢ . ܫܢܝܐ ܐܡܪܬ ܒܪܝ ܕܫܠܘܚܢ ܠܐ ܢܦܠ ܥܠܝܐ ܐܦܠܐ
ܐܬܡܠܝ . ܡܛܠ ܕܥܒܕܘܗܝ ܕܥܠܡ ܘܒܟܣ . ܕܬܡܠܝ ܐܠܐ ܟܠܐ
ܥܒܕ ܕܟܠ ܡܫܝܚܐ ܥܡܗ ܠܗ ܒܡܘܬ ܕܡܠܐ . ܕܬܗܘܐ ܠܟܠ
ܗܘ ܡܬܠܘܬܐ ܒܟܠܒܘܗܝ ܕܡܫܝܚܐ . ܘܐܦ ܥܡܡܝܢ . ܘܢܦܠ
ܥܡܗ ܐܒܘܢ ܕܠܐ ܠܬܠܡܝܕܘܗܝ ܘܫܒܘܩ ܘܡܫܡܫܐ ܠܗ (fol. 39 v°)
ܘܐܦ ܪܒܗ ܐܬܒܩܝ ܠܗ ܕܠܐ ܠܬܠܡܝܕܘܗܝ ܕܢܦܩܘܢ ܒܐܘܪܫܠܡ ܀

14. ܗܠܝܢ ܘܕܘܪܫܝܢ ܥܠܘܗܝ ܫܒܩ ܠܟܠܗ ܒܐܝܕܘܗܝ ܕܐܒܘܢ
ܡܩܪܐ . ܐܡܪܝܢ ܕܠܐ ܬܬܒܥܝܢ ܠܗܘܢ . ܡܛܠ ܕܐܢ ܡܢ ܫܟܝܚ
ܬܬܒܥܝܢ ܠܟܠܗܝܢ ܕܡܩܪܐ ܘܠܬܫܒܘܚܬܐ ܕܡܪܗ . ܘܫܠܡ
ܢܦܫܗ ܘܐܬܬܢܝܚ ܠܗܘܢ ܕܡܢܝܚܘ ܘܐܡܪ ܒܠܝܢ ܫܘܒܚܐ
ܠܡܪܗ . ܘܐܬܬܢܝܚ ܕܐܒܘܢ ܫܠܘܚܝ ܠܥܠܡ . ܐܡܝܢ ܘܐܡܝܢ ܀

1. Ce mot figure au-dessus de la ligne.

TRADUCTION

Nous écrivons maintenant les actions remarquables du saint père *Schanoudin*, homme de Dieu.

1. Mes frères, rendons gloire au Seigneur de toute gloire, à celui qui s'est choisi les vases saints nécessaires à son service, et les a placés dans son église comme des flambeaux pour éclairer la création, afin que tous ceux qui demandent à entrer dans le royaume de Dieu les imitent dans leur conduite et reçoivent la couronne de la victoire. L'un de ceux-là que le Seigneur s'est choisi est l'élu et le saint père *Schanoudin*, dont nous nous proposons de raconter aujourd'hui l'histoire devant vous, afin que vous rendiez gloire à celui qui a fait briller ses qualités dans le monde pour la gloire de Dieu qui l'a choisi.

J'ai entendu, il est vrai, que Dieu dit à ses disciples et aussi à moi : « Ne révélez pas cette vision que vous avez vue, avant ma résurrection d'entre les morts », je révélerai (donc) les mérites du saint après sa mort [1]. Je lui ai encore entendu dire : « Celui qui garde mes commandements et les observe fera plus de travaux et de prodiges que je n'en ai fait. » Et maintenant nous commencerons, mes frères, et nous placerons la lampe, non sous le boisseau, mais sur le chandelier, pour qu'elle éclaire tous ceux qui sont dans la maison de ce monde.

2. Et d'abord, parlons, comme cela convient, du pays et

1. Cette préface semble bien annoncer un panégyrique, ou, comme le porte le texte arabe : un discours commémoratif.

du métier des parents de ce saint père Schanoudin[1]. Il était d'un village[2] de l'*Égypte supérieure* qui est la *Thébaïde* ; son père était cultivateur et possédait beaucoup de brebis[3] qu'il donna à garder à un pâtre. Le nombre des brebis augmenta et le pâtre ne put les garder seul, mais il demanda au père de saint Schanoudin de lui donner son fils pour l'aider à paître le troupeau, (en retour) il leur abandonnerait une petite partie de ses gages. Les parents de ce saint *Schanoudin*[4] le lui accordèrent, il passerait le jour avec lui et reviendrait tous les soirs coucher chez eux, car ils n'avaient pas d'autre enfant, et le pâtre prit Schanoudin avec lui, tous les soirs il l'envoyait coucher chez ses parents.

L'enfant se rendait alors près d'un étang qui était à côté de leur village, il enlevait ses habits et les cachait dans un arbre à côté de l'étang, puis il entrait debout dans l'eau jusqu'au cou[5], et élevait les mains au-dessus de l'eau vers le ciel en priant jusqu'au matin. Quand cela eut duré un certain temps, le père se fâcha, et la mère vint trouver le pâtre pour lui reprocher de ne pas envoyer l'enfant coucher chez eux, selon leur convention, de crainte qu'il ne lui arrivât à l'avenir quelque chose dans le désert. Le pâtre jura que tous les soirs il l'envoyait près d'eux. Aussi, quand le soir vint, le pâtre renvoya Schanoudin chez ses parents et le suivit de loin en se

1. Ce premier récit se trouve dans la version copte, p. 3-5, puis p. 633-635, et dans la version arabe, p. 305-307.

2. Copte : « Il y avait un bourg nommé Schenalolet, dans le nome de la ville de Schmin, c'est là qu'habitaient les parents justes de notre père béni. » — Le nom de Schénaloli figure aussi dans le texte arabe, p. 301. (Schmin ou Akhmin est *Panopolis.*)

3. Copte : Il avait quelques brebis, il les donna à un berger, afin que celui-ci les fit paître dans la campagne. Le berger dit au père d'apa Schnoudi : Donne-moi le petit garçon Schnoudi... » Le texte arabe développe un peu plus la même idée.

4. Copte et arabe : « La mère de l'enfant. »

5. Copte : Mais lui, apa Schnoudi, s'en allait vers un canal d'eau un peu éloigné du village ; et en ces jours-là c'était le mois de Tobi ; et ainsi il étendait les mains pour prier et l'eau lui montait jusqu'au cou. » L'arabe comme le copte ne parle pas des habits.

dissimulant pour voir où il allait[1]. Il le vit aller près de cet étang, quitter ses habits, entrer dans l'eau, élever ses mains vers Dieu en priant et il remarqua que ses doigts étaient brillants. Quand le pâtre eut découvert ce secret[2], il retourna à ses brebis plein d'admiration et en louant Dieu. Au matin, les parents[3] vinrent près du pâtre, il leur raconta la chose et leur remit leur fils *Schanoudin* : « Je ne suis pas digne, leur dit-il, de le garder avec moi, moi qui ne suis qu'un pâtre pécheur », et il leur raconta qu'il avait vu ses doigts briller comme des flambeaux.

3. Après ces dix jours[4], *Schanoudin* fut conduit par son père près d'un solitaire mortifié et saint pour que celui-ci lui imposât les mains et le bénît. Quand il approcha de la cellule[5], l'ermite connut en esprit son approche et il dit à des hommes importants qui étaient venus lui demander sa bénédiction : « Allons tous ensemble[6] nous faire bénir par le grand saint qui vient près de nous » ; ils le firent, et quand il vit le jeune *Schanoudin*, il lui prit la main, la plaça sur sa tête, lui demanda de prier pour lui et le conduisit à sa cellule avec les hommes qui étaient présents ; or l'un de ceux-ci avait un

1. Copte : « Et un jour parmi les jours, le berger marcha derrière le jeune garçon Schnoudi jusqu'à ce que (celui-ci) parvint au canal d'eau, et il y avait un sycomore au-dessus du canal. Alors l'enfant descendit dans l'eau et pria Dieu, ses mains en haut étendues vers le ciel. Le berger le suivit, il se cacha sous le sycomore afin de voir ce que faisait l'enfant, et le berger a souvent rendu témoignage disant... » Dans le copte et l'arabe, c'est le berger qui raconte cette histoire à Visa, disciple de Schenoudi, lequel est censé raconter l'histoire de son maitre.

2. On peut aussi traduire comme dans le copte : Et le pâtre rendit témoignage (souvent depuis lors) de ce miracle.

3. Copte et arabe : « Son père. »

4. Copte et arabe : « Dix jours après que ces choses furent arrivées. » Cette seconde histoire se trouve dans le copte, p. 5-8, et dans l'arabe, p. 307-311. Dans le texte arabe, cette histoire est racontée à l'auteur par le berger précédent.

5. Copte et arabe : « Comme il approchait du monastère d'apa Bgoul, à un mille environ. »

6. Copte et arabe : « Allons au-devant de l'archimandrite. »

démon, et quand Schanoudin le vit, il prit un bâton[1] et le frappa; le démon s'écria : « Je sors de lui, ô Schanoudin, parce que, depuis que je t'ai vu, je brûle dans le feu », et il sortit à la vue de tous les hommes qui étaient présents. Cet ermite proposa au père de Schanoudin de le laisser quelques jours près de lui[2], et il le laissa. Or la mère de *Schanoudin* était la sœur de ce saint homme.

4. Au soir, *Schanoudin* se coucha d'un côté de la cellule, et le saint homme se tenait debout en prière de l'autre côté[3]; il vit un ange du Seigneur qui se tenait autour de l'enfant et le gardait, et cet ange lui dit : « Quand l'aurore brillera, prends l'habit que tu trouveras à côté de sa tête et revêts-en le jeune *Schanoudin*, car c'est l'habit du prophète *Élie*[4] que le Messie lui envoie, et sache que son nom montera vite et grandira, de sorte que l'on ne trouvera parmi les chrétiens aucun homme qui arrive à sa taille, car il fondera un grand monastère et y rassemblera un grand nombre de saints disciples. »

Au matin, ce solitaire, le père *Bgouli*, son oncle, se leva, et trouva les habits placés près de sa tête, comme l'ange l'avait dit, il éveilla Schanoudin, l'habilla avec les prières (accoutumées), et il fut moine. Le jour suivant, il se promenait autour de la cellule avec un autre solitaire, quand ils entendirent une voix du ciel qui disait : « *Schanoudin* est établi chef de tous les moines. » Ils se demandèrent s'ils avaient bien entendu cette voix et répondirent : « En vérité, nous avons entendu une voix qui disait : *Schanoudin* est établi chef

1. Copte et arabe : « Une bêche. »

2. Copte : « Attends jusqu'à ce que le temps soit arrivé, mon fils. »

3. Copte et arabe : « Apa Bgoul dormit seul dans une chambre, et il plaça le petit garçon Schnoudi seul dans une (autre) chambre. » On voit que la cellule « d'apa Bgoul » est ici assez confortable.

4. Le texte arabe est ici interpolé : « La ceinture a appartenu à Jean-Baptiste, le parent du Seigneur le Messie, et l'habit est celui d'Élie le batelier; le caleçon a été aux trois jeunes gens, et certes plusieurs les ont bénis et sanctifiés. » C'est donc ici un costume complet, on n'a oublié que la coiffure.

de tous les moines[1]. » Ils interrogèrent Schanoudin et ils lui dirent : « As-tu entendu cette voix? » Et ils étaient dans l'admiration et disaient entre eux : « Cet enfant est arrivé du premier coup au degré suprême[2] », et ils louaient Dieu de ses dons infinis aux hommes.

5. Quand saint Schanoudin eut revêtu les habits que Dieu lui avait envoyés[3], il se mit à l'écart et professa seul la vie cénobitique dans des jeûnes continuels et des prières fréquentes. Pour sa réfection, il ne mangeait, au soir, que du pain et du sel, au point que son corps dépérit et qu'il ne lui resta que la peau sur les os. Sa vie cénobitique ressembla à celle du prophète *Élie* et de Jean-Baptiste[4]. Il acquit une profonde science et composa des ouvrages de prédication et sur la conduite des moines[5]. Il instruisait les moines et les séculiers, les vieillards et les enfants, chacun selon la justice et la convenance, et ils écoutaient ses paroles et ses préceptes qui étaient plus doux que le miel pour leur palais. Ses écrits furent reçus par tout le monde, il donna des règles à ses moines pour qu'ils les observassent toujours, et on témoigne qu'il ne donnait pas ces règles de lui-même, mais le Messie les fixait et les dictait par sa bouche. Il s'avança loin avec ses disciples dans les travaux du monachisme, tous les jours ils priaient douze fois, et durant chaque prière ils faisaient vingt-quatre génuflexions[6],

1. Copte et arabe : « Archimandrite du monde entier. »

2. Copte : « Vraiment, il sera d'une perfection consommée. »

3. Cette histoire figure dans le texte copte, p. 8-10, et dans le texte arabe, p. 311-314.

4. Copte : « Élie le thesbite, le cocher d'Israël. » Arabe : « Elie le batelier. »

5. Le ms. 144 du fonds arabe de la Bibliothèque Nationale de Paris contient (fol. 9-23) une homélie, dans laquelle le grand saint Abou Schelouda (Schnoudi), archimandrite universel, invite les hommes à se repentir de leurs péchés. Dans le catalogue de Zoëga, p. 378, 379, 380, 382, etc., sont cités des discours et des lettres de Schenoudi.

6. Mêmes nombres dans le copte et l'arabe. M. Amélineau a lu « vingt et une génuflexions de repentance » dans le copte, mais il avertit que son nombre est douteux et qu'il faut peut-être lire vingt-quatre.

et ce saint ne dormait pas durant la nuit, mais accordait seulement un repos d'une heure à ses yeux à cause de la faiblesse de son corps[1]. Il jeûnait beaucoup de semaines et ne mangeait pas, si ce n'est de samedi en samedi[2] ; pendant le jeûne des quarante jours, il ne mangeait qu'un peu de mets cuits[3]. Ce n'est qu'à ce moment qu'il cessait le jeûne, au point que toute sa chair se dessécha et ses yeux s'enfoncèrent dans leurs orbites très profondément à cause de l'abondance de ses pleurs et de ses larmes qui lui étaient plus agréables que le miel à la bouche. Il vivait en solitaire dans son monastère et il recevait la révélation de tout ce qui se passait dans le monde, il découvrait, à tous ceux qui venaient près de lui, leur conduite et leurs pensées. Il réprimandait chacun selon sa pensée et sa mesure, et intercédait pour eux auprès de Dieu pour qu'il leur pardonnât et en eût pitié[4].

6. Il arriva encore près de lui un homme très âgé[5], lequel lui fit dire qu'il voulait venir le voir, pour être béni par lui et pour lui demander de se souvenir de lui dans ses prières, pour que Dieu lui pardonnât ses péchés. — Notre père lui fit dire par son messager : « Si tu veux m'obéir, viens, si tu ne le veux pas, tu ne verras pas mon visage. » Il répondit : « Je ferai tout ce que tu ordonneras. » — Alors notre père le fit venir, et quand il arriva près de notre père, il se prosterna à terre devant lui. Notre père lui dit : « Confesse ton péché et fais-le connaître à cette assemblée si tu veux vivre et arriver

1. Copte et arabe : « Et dans la nuit il ne se couchait pas du tout, jusqu'à ce que la lumière parût; il prenait ensuite un peu de sommeil, afin que son corps ne périt pas (trop) promptement. »

2. Copte : « Souventes fois aussi, il ne mangea pas du samedi au samedi. »

3. Copte et arabe : « Sans manger de pain, mais sa nourriture était des légumes et des baies bouillies (arabe : des graines). »

4. Cette fin se trouve d'une manière analogue dans le copte.

5. Cette histoire figure dans le texte copte, p. 10-12, et dans le texte arabe, p. 322-324. Le copte porte : « Il appartenait au village de Psenhoout, dans le nome de la ville de Psoi (Monchyeh) », et l'arabe : « Il était du village du Sahid, appelé Samhoud, dans le voisinage de la ville de Psoi. »

où nous aboutissons enfin. » Cet homme lui dit : « Un jour j'étais assis à côté de chez moi quand je vis passer un cavalier qui portait en évidence une bourse en bandoulière (un cordon de bourse sur sa tête *ou* son dos[1]). Je pris un glaive, le rejoignis sur le chemin, le frappai et il tomba mort, je pris la bourse croyant y trouver beaucoup d'argent qui m'enrichirait, mais je n'y trouvai qu'un tiers de dinar[2], je fis une fosse et y enterrai le mort. Voilà que je t'ai tout raconté, ô notre père, pour que tu me conseilles ce que je dois faire, pour être absous. » — Notre saint père Schanoudin lui dit : « Va maintenant à la ville d'*Akhmim*, tu trouveras son gouverneur et ses soldats qui entrent par la porte de la ville[3] en ramenant des voleurs qu'ils ont pris dans le vol, entremêle-toi à ces hommes, et dis que tu es des leurs. Et s'ils t'interrogent, assure que tu es l'un d'eux et que tu étais avec eux, afin que tu sois tué en même temps; que le sang que tu as répandu te soit remis et que tu gagnes la vie du monde futur. » Cet homme obéit au précepte de notre père, il alla, fut tué avec eux et obtint le royaume du ciel. — Disons tous : Gloire au nom du seul vrai Dieu, à lui la louange.

7. Une autre fois[4], un disciple de Schanoudin, nommé *Visa*, l'un des premiers qui fut avec lui, vint pour le voir[5]. Il l'entendit parler avec un autre, et quand il eut frappé et

1. Copte : « Portant une bourse à son cou. » Arabe : « Qui portait sur sa poitrine, de manière à être vue, une bourse suspendue par un lien de cuir. »

2. Copte : « Un quart de pièce d'or. » Arabe : « Trois deniers. » Dans ces deux versions, il enterre l'argent et non l'homme.

3. Copte : « Tu trouveras le duc qui, par le fleuve, va vers le midi. » Arabe : « Tu trouveras l'émir voguant dans une barque. » Ici le texte syriaque est le meilleur.

4. Cette histoire figure dans le texte copte, p. 17-18, et dans le texte arabe, p. 337-338.

5. Copte : « Il arriva un jour que notre Sauveur était assis avec mon père apa Schnoudi parlant avec lui, j'entrai, moi Visa, son disciple, désirant l'aborder. » Arabe : « Un jour pendant que le Seigneur le Messie s'entretenait assis avec mon père de la gloire des cieux, je m'avançai pour frapper à la porte avec l'anneau. »

qu'on lui eut répondu d'entrer, il ne trouva personne près de lui, mais le vit seul; quand il l'eut salué, il lui demanda avec instance : « Qui donc était avec toi, ô notre père, et avec qui parlais-tu? » Et comme je le pressai, il me dit : « C'était Notre-Seigneur Jésus-Christ, et quand tu es venu et es entré, il est parti de près de moi. » Je lui dis alors : « Je veux le voir, ô notre père, et il me bénira. » Le saint me dit : « Tu ne peux pas le voir, parce que tu es faible. » Je le saluai et lui demandai de prier pour moi, afin que je fusse jugé digne de cette bénédiction. Et notre père me répondit : « Cela dépend du Seigneur et non de moi, va et reviens demain à six heures[1], parce que dans ses miséricordes il vient, parle et me commande. Prends garde de ne rien dire. »

D'après l'ordre de notre père, je vins à six heures et frappai à sa porte selon l'habitude, mais comme j'essayai d'entrer, le Messie remonta. A cette vue, je pleurai abondamment, et notre père eut pitié de moi et me dit : « Ne souffre pas, je vais travailler avec toi et je lui demanderai que tu entendes ma conversation avec lui. » Je vins après cela auprès de notre père et j'entendis le Messie parler avec lui et lui annoncer l'avenir, aussi je le louai et lui rendis grâces pour ses grandes bontés envers moi, mais je ne fus pas digne de le voir corporellement.

8. Un jour le père Schanoudin était assis sur une pierre[2] à la porte de son monastère, quand Notre-Seigneur Jésus-Christ se révéla à lui et lui parla, et notre père lui dit : « Je désire voir un navire voguer sur ce désert. » Le Messie s'éloigna, et une heure après, tout ce lieu était un lac[3] sur lequel voguait un navire. Le Messie en était le capitaine et un grand nombre d'anges étaient rameurs et matelots. Le navire avançait et ils l'amenèrent à l'endroit où le père

1. Même heure dans le copte et l'arabe.

2. Cette histoire figure dans le texte copte, p. 15-16, et dans le texte arabe, p. 327-329.

3. Copte : « Peu après, l'endroit fut rempli d'eau par le démiurge divin (ϢΗΙΑΗΜΙΟΥΡΓΟϹ) qui fit naviguer une barque sur l'eau profonde, et lui, le Seigneur, était sous la forme du principal matelot. »

Schanoudin se tenait en prière. Le Messie dit à Schanoudin : « Étends la main et prends la corde du navire pour le soutenir. » Il prit la corde et ne put pas retenir le navire et il s'approcha de la pierre qui était à côté, la perça avec son doigt[1] et y attacha la corde. Et ces trous sont restés dans la pierre jusqu'aujourd'hui[2].

9. Un étranger vint encore près de notre père, et lui demanda de prier pour lui[3]. Le père Schanoudin lui répondit : « Comment prierai-je pour toi, lorsque tu as sur ta tête un grand péché? » Cet homme lui répondit : « Je n'y retournerai plus[4], je suis chrétien, j'adore un seul vrai Dieu, Père, Fils et Saint-Esprit depuis que j'ai l'âge de raison. » Notre père lui dit : « Te rappelles-tu ce jour où tu as mangé, tu as bu et tu t'es couché, puis, durant la nuit, tu as pris ton épée, tu es sorti, tu as trouvé une femme sur ton chemin, tu l'as frappée de ton épée et tu l'as tuée? » Cet homme lui répondit : « C'est vrai, j'ai fait cela, mais n'y a-t-il pas de pardon pour celui qui revient et se repent? » Notre père lui dit : « En vérité, celui qui revient et se repent reçoit le pardon, pourvu que tu écoutes mon conseil, j'ai confiance que tu seras pardonné, car Dieu ne veut pas la mort du pécheur, mais qu'il se convertisse. » Puis il lui conseilla de se faire moine et il obéit, et notre père lui coupa les cheveux et le revêtit des habits du monachisme.

Après trois jours, notre père le prit par la main, lui donna une cruche d'eau, le conduisit sur une montagne éloignée[5]

1. Copte et arabe : « La pierre fut percée comme de la cire devant le feu. »

2. Même locution dans l'arabe. Copte : « Jusqu'aux générations des générations ».

3. Cette histoire figure dans le texte copte, p. 22-25, et dans le texte arabe, p. 356-358. On trouve dans le copte que cet homme « habitait un village nommé Komentios ».

4. On lirait plutôt : Je ne m'en souviens pas. Copte : « Je ne sais pas le péché que j'ai fait, car moi je suis un chrétien... » Il faudrait lire ܠܥܘܗܕܢܗ.

5. Le copte ajoute : « A treize mille. »

et le fit entrer dans une caverne qui était à sa taille et avait une fenêtre par où entrait la lumière[1], il l'y fit asseoir et ferma (la caverne) sur lui. Et de semaine en semaine notre père allait près de lui et lui demandait s'il allait bien. Et il lui dit : « Voilà deux jours, il m'est arrivé de nuit quelque chose qui m'a troublé; mes membres et mes mains en ont défailli, les poils de ma chair se hérissèrent, je demeurai stupide et plein de souffrance. Il me semblait que mon esprit me quittait à cause de l'angoisse qui m'oppressait, il sortit de mes mains une puanteur de corruption comme d'un mort corrompu; puis cette puanteur monta et forma un nuage, elle sortit par des fissures de la caverne et s'évanouit. Je tombai alors la face contre terre comme un homme ivre, jusque maintenant à ton arrivée. » Notre père lui dit : « Prends courage, mon fils, car aujourd'hui, Dieu t'a remis tous tes péchés. » Et notre père le fit sortir de cette caverne et l'amena près de nous dans le monastère. Et quand je le vis, moi *Visa*[2], disciple de notre père *Schanoudin*, je lui demandai à son sujet : « N'est-ce pas là l'étranger qui est venu près de toi ? Où était-il donc tous ces derniers temps ? » Notre père me dit : « Il avait été affligé d'une profonde et mauvaise plaie par le mauvais lion Satan, je l'ai conduit près du médecin qui le pansa, et il fut guéri. » Après être demeuré quelques jours près d'eux, il retourna à sa caverne et se confirma dans la perfection et dans les grands travaux de la justice jusqu'à sa mort.

10. Un homme riche de *Schamoun*[3] vint encore près de notre père[4], et lui raconta que des voleurs entrèrent dans sa maison et prirent . . . .

. . . .

1. Copte : Dans une caverne qui était de la grandeur de sa taille et ronde. La porte de la caverne s'ouvrait en haut à la manière d'une fenêtre. » Arabe : « Dans une caverne étroite, étouffante, de la hauteur de sa taille seulement, (faite) de telle sorte qu'il ne pouvait pas se mettre à genoux ; la porte de la caverne s'ouvrait (grande) comme une fenêtre. »

2. On remarquera ce passage au style direct.

3. Copte : Schmin ϢⲘⲒⲚ; arabe : Akhmim.

4. Cette histoire figure dans le copte, p. 25-27, et dans l'arabe, p. 358-361. — Schnoudi lui fait rendre ses biens.

11. Des moines du monastère du saint et illustre père *Macaire*[1] vinrent près du père Schanoudin pour recevoir sa bénédiction et des hommes importants de la ville d'*Akhmim* étaient venus pour entendre ses préceptes, et tous lui demandèrent : « O notre père, y a-t-il à cette époque un moine comme le grand *Antoine*? » Le père Schanoudin leur répondit : « Quand bien même on réunirait tous les moines de cette époque, ils ne seraient pas comparables au saint père *Antoine*. » Tous furent pleins d'admiration, ils crurent sa parole, furent bénis par lui, et, continuant leur chemin, allèrent chez eux.

12. Notre père Schanoudin nous racontait ce qui suit : Tandis que le Messie était près de lui, et s'entretenait avec lui[2], l'évêque de la ville d'*Akhmim* vint à son monastère et le demanda pour conférer avec lui et aller près du patriarche *Cyrille*[3] à *Alexandrie*, et il lui fit dire de sortir près de lui. Le vieillard répondit : « Je ne le puis pas. » Et l'évêque lui fit dire : « Viens près de moi, car c'est pour une cause pressante. » Et le vieillard répondit : « Je n'ai pas le temps maintenant. » L'évêque en colère lui fit dire comme une honte : « Je te place sous l'interdit, et il n'y aura pas de rémission si tu ne m'obéis. » Et quand j'entendis cela, je me réjouis en moi-même en disant : « Vois cet homme qui est chair et sang, et me demande de me rendre près de lui, quand j'ai près de moi le maître de toutes les créatures. » Alors le Messie notre Seigneur me dit : « Lève-toi et va près de ton évêque, pour qu'il ne t'anathématise pas, car je ne te délierai pas de l'anathème[4], à cause du pouvoir que j'ai donné au

1. Cf. Copte, p. 38, et arabe, p. 372-374. Dans le copte, ce sont les moines de Schiit (Scété) et les principaux de la ville de Schmin. Dans l'arabe, ce sont « des hommes de la ville » en compagnie de moines de Ouadi Habib, de la montagne connue sous le nom de *Balance des cœurs* (Scété). Le syriaque, ici comme ailleurs, n'a pas les amplifications de l'arabe et ressemble davantage au texte copte. — Il y a encore à Scété un monastère de Aba Macaire. On a vu, dans l'introduction, que le ms. copte publié par M. Amélineau avait été donné à ce monastère en 935.

2. Cette histoire figure dans le texte copte, p. 38-40, et dans le texte arabe, p. 374-376.

3. Cyrille n'est pas nommé dans le copte et l'arabe.

4. Le texte arabe ajoute que l'évêque mourra dans trois jours.

disciple *Pierre*, à tous les apôtres et aussi aux prêtres qu'ils ordonneront : « Ceux que vous condamnerez seront condamnés, etc. » Quand j'entendis le Messie me parler ainsi, je l'adorai et me rendis aussitôt près de l'évêque. Je le saluai et fus béni par lui, j'écoutai ses paroles et il me bénit et partit pour son voyage.

13. Un ermite, moine du monastère du père *Pacôme*, se rendait à la ville impériale près de l'empereur pour certaine affaire[1], et quand il approcha du monastère du père *Schanoudin*, il voulut entrer pour être béni par lui. Son disciple lui dit : « Continuons notre chemin et laissons-le, il ne sait même pas ce qu'il a mangé hier. » Il ne l'écouta pas, mais vint au monastère du père Schanoudin, et notre père sortit à leur rencontre, et notre saint père leur dit : Lequel de vous est *Jean*[2], le secrétaire de ce saint vieillard ? Le disciple répondit : « C'est moi », et notre père lui dit : « Tu as dit vrai, mon fils, Schanoudin ne sait pas ce qu'il a mangé hier, regarde mon corps défait et desséché. J'espère que le Seigneur me donnera place avec les apôtres au jour du jugement, afin que tu aies foi dans les serviteurs du Messie, quand bien même ils seraient faibles[3]. » Il se prosterna alors devant notre père pour qu'il priât pour lui, lui pardonnât et en eût pitié, son maître lui demanda aussi de prier sur eux, pour qu'ils reprissent leur voyage.

14. Dieu fit tout cela par les mains de notre saint père, il fit encore des prodiges plus grands que nous n'avons pas écrits, nous en avons écrit quelques-uns pour la gloire du saint et la gloire de son maître. Pour nous, louons et exaltons celui qui le fortifiait et disons tous : Gloire à son nom, que la prière de notre père Schanoudin soit avec nous. Amen.

1. Cette histoire figure dans le texte copte, p. 40-42, et dans le texte arabe, p. 378-380.

2. Le copte et l'arabe portent : « Où est Jean ? » Le copte a averti auparavant, ce que ne fait pas l'arabe, que Jean était secrétaire de Martyrios. Mais, dans l'arabe, Martyrios a plusieurs disciples avec lui. Il y a donc ici d'assez grandes divergences entre les trois textes.

3. Ce passage nous paraît mal rendu dans le copte et l'arabe.

RÉSUMÉ DE LA VIE SYRIAQUE DE SCHANOUDIN

La vie que l'on vient de lire est d'une simplicité remarquable à côté des légendes copte et arabe. On y trouve le récit de la vocation de Schanoudin (2, 3, 4), de ses mortifications et de faveurs dont le ciel le gratifia (5, 7, 9), de trois de ses conversations (11, 12, 13), de deux jugements (6, 9) et d'un miracle (8).

Sa vocation est peut-être due à son goût pour les bains nocturnes pris à l'insu de ses parents, et aussi à ce que l'un de ses oncles était déjà moine.

Au lieu de rentrer chez lui, il se plongeait, en effet, dans les eaux d'un étang, et le berger qu'il aidait, et auquel il venait d'attirer des reproches, ne voulant plus le revoir après ces escapades, raconta qu'il avait vu des rayons de feu s'échapper de ses doigts. Nous ne nous demanderons pas si le berger exagérait, ni s'il fut dupe de quelque feu follet ou de quelque radiation d'électricité atmosphérique, nous constaterons seulement que ce jeu de lumière détermina la vocation de Schanoudin. On conduisit en effet ce petit prodige près d'un saint oncle qui devait certes désirer un successeur, c'est-à-dire un neveu, qui héritât de son habit et de sa cellule; il profita donc de l'occasion qui s'offrait, annonça d'avance les merveilles que ferait cet enfant et lui prédit un brillant avancement dans le monachisme : il deviendrait archimandrite universel. Les assistants renchérirent encore sur les promesses de l'oncle, et l'un d'eux, frappé par le jeune Schanoudin, transforma cette espièglerie en un prodige qui le délivrait d'un démon dont il n'avait pas beaucoup souffert, semble-t-il, jusque-là.

Les parents, enthousiasmés, laissèrent leur fils à l'oncle Bgoul, et il semble bien être devenu un modèle d'ascétisme en même temps qu'un homme disert et éloquent.

Il eut un disciple, nommé Visa, qui aimait écouter aux portes; Visa entendit parler chez son maître et demanda qui était là, mais le maître lui répondit que c'était Notre-Seigneur et qu'il était trop jeune pour le voir.

Schanoudin eut encore occasion d'apprendre à ses moines que saint Antoine les surpassait tous et de leur inculquer, par une anecdote frappante, le respect qu'ils devaient avoir pour la parole de leur évêque, il sut aussi se faire respecter lui-même par un jeune moine nommé Jean, qui ne voyait pas le mérite surnaturel de ses mortifications. Il eut occasion de rendre deux jugements qui nous semblent bien un peu contradictoires : dans l'un, il condamne un homicide à se livrer au pouvoir séculier pour être mis à mort ; dans l'autre, il fait appel à la clémence divine, et ne condamne un meurtrier qu'à se faire moine. Il est vrai qu'il s'agissait, dans ce dernier cas, du meurtre d'une femme et non d'un homicide par cupidité ; les crimes passionnels jouissaient peut-être déjà, à cette époque, de l'impunité qu'ils rencontrent souvent aujourd'hui. — Enfin nous trouvons le récit d'un grand miracle : Schanoudin désire voir la plaine changée en mer et souhaite qu'un navire voguant sur cette mer vienne aborder à son monastère. Son vœu fut exaucé. — Nous ne chercherons pas s'il ne s'agit là, au fond, que d'une inondation du Nil, nous nous bornerons à souhaiter que cette plaine n'ait pas alors été habitée, ni sillonnée de voyageurs, car nous ne comprendrions pas, nous autres Parisiens, que le ciel exauçât le vœu de quelque successeur de saint Clodoald qui souhaiterait voir un navire venir jeter l'ancre sur les hauteurs de Saint-Cloud[1].

1. Aux travaux sur Schenoudi signalés dans l'introduction, ajoutons : P. Ladeuze, *De instituto cœnobitico S. Pakhomii*, in-8°, Paris, 1898. — Deux chapitres, pp. 116-158 et 305-327, sont consacrés *aux sources* de l'histoire de Schenoudi et à *ses règles* monacales.

Paris. — Imprimerie G. Maurin, 71, rue de Rennes.

www.ingramcontent.com/pod-product-compliance
Lightning Source LLC
Chambersburg PA
CBHW051241070726
47594CB00013B/1911

* 9 7 8 2 0 1 2 8 3 2 0 4 6 *